LAS MUJERES
EN EL MOVIMIENTO
DE JESÚS

Copyright © 2020 by Lucila Elsa Tamez Luna

LAS MUJERES EN EL MOVIMIENTO DE JESÚS.
Lecturas Bíblicas en Perspectiva Feminista. Edición Revisada y Aumentada.
de Elsa Tamez. 2020, JUANUNO1 Ediciones.

ALL RIGHTS RESERVED. | TODOS LOS DERECHOS RESERVADOS.
Published in the United State by JUANUNO1 Ediciones,
an imprint of the JuanUno1 Publishing House, LLC.
Publicado en los Estados Unidos por JUANUNO1 Ediciones,
un sello editorial de JuanUno1 Publishing House, LLC.
www.juanuno1.com

JUANUNO1 EDICIONES, logos and its open books colophon, are registered trademarks of JuanUno1 Publishing House, LLC. | JUANUNO1 EDICIONES, los logotipos y las terminaciones de los libros, son marcas registradas de JuanUno1 Publishing House, LLC.

Library of Congress Cataloging-in-Publication Data
Name: Tamez, Elsa, author
Las mujeres en el movimiento de Jesús : lecturas bíblicas en perspectiva feminista. edición revisada y aumentada. / Elsa Tamez.
Published: Hialeah : JUANUNO1 Ediciones, 2020
Identifiers: LCCN 2020933577
LC record available at https://lccn.loc.gov/2020933577

REL006220 RELIGION / Biblical Studies / New Testament / General
REL006400 RELIGION / Biblical Studies / Exegesis & Hermeneutics
REL012130 RELIGION / Christian Living / Women's Interests

Paperback ISBN 978-1-951539-24-5
Ebook ISBN 978-1-951539-25-2

Editor: Tomás Jara
Diseño de Portada: ZONA21.net
Diagramación y Realización Ebook: Ma. Gabriela Centurión
Director de Publicaciones: Hernán Dalbes

First Edition | Primera Edición
Hialeah, FL. USA.
-2020-

ELSA TAMEZ

LAS MUJERES EN EL MOVIMIENTO DE JESÚS

Lecturas Bíblicas en Perspectiva Feminista
> EDICIÓN REVISADA Y AUMENTADA <

*A mi hija Xipatly y a mi nieta Mitzari Aliztel,
dos mujeres regalo de Dios.*

CONTENIDO

PALABRAS DE LA AUTORA	13
INTRODUCCIÓN	19
Yo, Lidia, narro las historias	19
El movimiento de Jesús y su contexto	21
Las mujeres en el movimiento de Jesús	24
Mujeres cerca de la cruz	28

PARTE I
Mujeres que aman y desafían   33

Capítulo I
MARÍA, LA MADRE DE JESÚS, EL LÍDER DEL MOVIMIENTO   37

   1. A María le anunciaron un hijo y ella cantó de alegría   38
   2. De las penas y satisfacciones que vivió
   María por su hijo   42
   3. María acompañó a Jesús a una boda   45
   4. María sufre la persecución y ejecución de su hijo   47

Capítulo II
MARTA Y MARÍA: AMIGAS DE JESÚS — 51
    1. ¿Mujeres para la casa? — 52
    2. La confesión de Marta — 55
    3. La amistad entre ellas y Jesús — 58

Capítulo III
LA MUJER QUE NO FUE APEDREADA SEGÚN LO DICTA LA LEY — 63
    1. La crueldad de las leyes — 65
    2. Jesús no apedrea a la mujer adúltera — 66

PARTE II
Mujeres anónimas que luchan y resisten — 73

Capítulo IV
MUJERES EN DOS PARÁBOLAS — 75
    1. La viuda que luchó hasta que se le hizo justicia — 75
    2. La mujer que no descansa hasta encontrar algo muy preciado — 81

Capítulo V
LA MUJER QUE LE ARRANCÓ UN MILAGRO A JESÚS A ESCONDIDAS — 87
    1. El sistema de pureza-impureza — 87
    2. El "robo" de un milagro — 90
    3. Jesús dignifica a la mujer — 94

Capítulo VI
LA MUJER SIROFENICIA QUE DISCUTIÓ CON JESÚS — 97

1. Los problemas fronterizos — *100*
2. Jesús se niega a sanar a una niña gentil — *102*
3. La mujer que le discute a Jesús — *104*
4. Jesús aprende de la sirofenicia — *106*

Capítulo VII
LA MUJER QUE, SI NO FUERA POR JESÚS, CASI ENTIERRA A SU ÚNICO HIJO — 109

1. El pueblo de Naín — *110*
2. El encuentro de dos cortejos: uno fúnebre y otro de vida y esperanza — *110*
3. El encuentro de la madre con Jesús, el líder del movimiento — *112*
4. Renace una nueva vida — *114*

Capítulo VIII
LA MUJER QUE, GRACIAS A JESÚS, PUDO VER EL HORIZONTE — 117

1. La mujer que caminaba encorvada — *119*
2. La mujer con discapacidad a la que no le dio vergüenza exponerse a la mirada de todos — *120*
3. La mujer que finalmente pudo ver el horizonte gracias al milagro de Jesús — *121*
4. La reacción contraria del dirigente de la sinagoga — *122*

PARTE III
Mujeres discípulas y maestras   **125**

Capítulo IX
MARÍA MAGDALENA: APÓSTOL Y AMIGA
DE JESÚS   **127**
    1. María Magdalena, la discípula más mencionada   *127*
    2. El coraje de María Magdalena   *130*
    3. Mujeres, primeras testigos de la resurrección
    y predicadoras del resucitado   *132*
    4. María Magdalena, la apóstol cercana a Jesús   *133*

Capítulo X
LA MUJER DE SAMARIA, UNA MISIONERA   **137**
    1. Al margen del odio mutuo   *138*
    2. Un diálogo teológico al lado de un pozo   *141*
    3. La Samaritana comparte las buenas nuevas
    con su pueblo   *144*

Parte IV
Mujeres líderes del movimiento del resucitado   **147**

Capítulo XI
PRISCILA Y LIDIA, DOS MUJERES COMERCIANTES
Y LÍDERES DE LA IGLESIA   **149**
    1. Lidia, líder y comerciante   *150*
    2. Priscila, líder, maestra y artesana   *154*

Capítulo XII
TABITA: UNA MUJER DISCÍPULA, COSTURERA
Y MUY SOLIDARIA CON LOS POBRES 159
 1. Tabita y su comunidad de viudas pobres *161*
 2. Tabita recobra la vida gracias a la intervención
 de Dios a través de Pedro *162*

Capítulo XIII
FEBE, JUNIA, EVODIA, SÍNTIQUE Y OTRAS MUJERES
LÍDERES EN EL MOVIMIENTO DEL RESUCITADO 167
 1. Febe, diácono y benefactora *168*
 2. Junia y otras mujeres del movimiento del resucitado
 en Roma *172*
 3. Evodia y Síntique, dos líderes y luchadoras de Filipos *172*

CONCLUSIÓN
QUE LAS MUJERES NO CALLEN EN LA
CONGREGACIÓN 177
 ¿¡Qué pasó!? *178*

BIBLIOGRAFÍA 183
SOBRE LA AUTORA 189

PALABRAS DE LA AUTORA

Los relatos que aparecen en este libro corresponden a mujeres valientes relacionadas de alguna manera con el movimiento de Jesús. He optado por hablar del movimiento de Jesús y no de Jesús como un individuo aislado por dos razones; la primera, porque hablar de Jesús como una persona aislada no refleja la realidad histórica. A Jesús lo conocemos en los evangelios como alguien que está siempre acompañado por discípulos y seguidores (la mayoría campesinos, pescadores y artesanos) que depositaron sus esperanzas en la predicación del reinado de Dios mediante un movimiento de renovación de sus comunidades locales y del pueblo en general, en el cual él era el líder fundador de ese movimiento. La otra razón es que este acercamiento permite acoger a Jesús hoy no como la persona que nos ama de forma individualista, sino como aquel que nos ofrece un proyecto comunitario de vida y nos desafía a transformar nuestro medio.

Estoy consciente de que hay diferencias entre el

movimiento de Jesús de Nazaret en Palestina —durante la vida de Jesús— y el movimiento cristiano fuera de Palestina después de su resurrección. La diferencia comúnmente subrayada es que el movimiento de Jesús se refiere únicamente a una renovación al interior del judaísmo previa al cristianismo. La difusión del evangelio después de la resurrección —especialmente fuera de Palestina— correspondería a un movimiento misionero fundador de comunidades cristianas, y dirigido especialmente a gentiles, sin excluir a judíos. Este sería el movimiento del resucitado. Yo prefiero, hablar de un solo movimiento como una alternativa al imperio Romano.

Creo que para las mujeres es importantísimo subrayar la continuidad del movimiento de Jesús fuera de Palestina, pues en el interior de aquella región encontramos con mayor intensidad la fuerza liberadora de este movimiento frente a la opresión patriarcal del imperio romano y de su cultura judía, una fuerza muy presente también en las primeras comunidades cristianas a mitad del primer siglo.

La crítica que Jesús hace a su cultura judía no tiene nada que ver con una postura antijudía. Jesús fue judío y asumió una postura de autocrítica a su cultura patriarcal y de crítica a la cultura romana cuando esta era opresora. Hizo lo mismo que muchas de nosotras las mujeres cuando criticamos nuestra propia cultura cristiana y occidental, cuando esta margina y oprime.

He escogido ordenar las experiencias a partir de las mujeres que están junto a la cruz porque son ellas quienes muestran su coraje al asumir los riesgos que eso implica en el contexto del imperio romano. La elección del pasaje de Juan 19.25 responde simplemente al hecho de que allí aparecen mujeres que se prestan a ser tipificadas de acuerdo con mis objetivos. En María, la madre, encuentro el tipo de mujeres que aman y desafían; en la tía y la mujer de Cleofas veo el tipo de mujeres anónimas, que luchan y resisten; y en María Magdalena observo el tipo de mujeres discípulas y maestras. Ciertamente, en las cuatro mujeres que aparecen junto a la cruz hay valor, amor, desafío, lucha, resistencia y discipulado. No obstante, en ellas veo tres tipos de mujeres.

Para relatar los hechos he escogido una narradora imaginaria, Lidia, líder de la comunidad de Filipos (Hch 16.11-15, 40), cuya voz aparecerá en todo el libro, excepto en las notas y en la conclusión. Se trata de un recurso literario que me facilita atraer al lector al mundo antiguo, ofrecer de una manera más familiar los elementos culturales de aquella época y, sobre todo, reforzar la continuidad del movimiento de Jesús fuera de Palestina. Tal vez Lidia no conocía todas las historias de mujeres, pero sí seguramente un gran número de ellas. Debemos tener en cuenta que Pablo, quien no menciona explícitamente la vida de Jesús, no fue ni el primero ni el único que se ocupó en la difusión del movimiento.

La reiteración de frases como "Yo, Lidia", "yo creo que", "me llama la atención", "he escuchado que", "según tengo entendido" y otras, son recursos literarios de lenguaje oral; con ellos se le recuerda al lector que la narradora es Lidia, un personaje de la antigüedad que conoce las historias en sus diferentes versiones (Mt, Mc, Lc, Jn). Pero no sólo eso, Lidia también interpreta las historias de Jesús en Palestina y las aplica a su contexto grecorromano. Los lectores y lectoras de hoy podrán construir con más facilidad el puente entre los contextos de la antigüedad y los del siglo XXI.

Los anacronismos en Lidia son inevitables, pues ella fue líder de la comunidad cristiana de Filipos unos veinte años después de la muerte de Jesús. Hay, pues, anacronismos de la sociedad moderna y, seguramente, de décadas posteriores a la vida de Lidia, ya que, como sabemos, los evangelios fueron redactados tardíamente y su problemática difiere según los objetivos de los evangelistas y la situación de sus receptores. Sin embargo, esto no afecta la intencionalidad de mi propuesta de relectura: redescubrir en el movimiento de Jesús, y del resucitado, criterios que iluminen la práctica de las iglesias de hoy para con las mujeres.

Las historias narradas a través de Lidia (Hch 16.11-15,40) son valiosos testimonios que nos impulsan a las mujeres de hoy a repensar nuestras vidas con relación a la iglesia y la sociedad. A estos testimonios bíblicos se unen otros de muchas mujeres que también aman, luchan, resisten, ministran y enseñan.

Acerca de esta edición

El libro Las mujeres en el movimiento de Jesús ha

sido publicado por cinco organizaciones. La primera edición salió en inglés, español y coreano, lanzada por la División de Mujeres de la Iglesia Metodista de Estados Unidos, en el 2000. Debido a la falta de acceso al libro en América Latina, el Consejo Latinoamericano de Iglesias publicó dos ediciones, una en el 2003 y otra en el 2004. Sin embargo, por la demanda y las dificultades de distribución en el continente, el Departamento de Publicaciones de las Sociedades Bíblicas Unidas para las Américas publicó el libro en el año 2006.

Seis años después la demanda no ha cesado; la relevancia de la temática se ha agudizado por la violencia contra las mujeres. Pero las dificultades de distribución en nuestro continente siguen siendo las mismas; por tal razón, la Sociedad Bíblica Colombiana, y más tarde la Sociedad Bíblica de Ecuador junto con Verbo Divino, publicaron este libro nuevamente, con algunos leves cambios, con el fin de hacer llegar el mensaje sobre las mujeres en el Nuevo Testamento en sus países.

La presente edición es revisada y aumentada por primera vez. Se hizo un ligero cambio en el título, siendo Las mujeres en el movimiento de Jesús el definitivo. Se ha agregado una cuarta parte y cuatro capítulos más. Dos capítulos dentro de la segunda parte y dos capítulos en la cuarta parte. La cuarta parte tiene el propósito de incorporar más mujeres líderes en el período del movimiento del resucitado.

Las mujeres en el movimiento de Jesús es un libro que mujeres y hombres deben leer para que, juntos y con criterios bíblicos, colaboremos en la recomposición de una sociedad donde la violencia contra las mujeres deje de ser el pan de cada día.

INTRODUCCIÓN

Yo, Lidia, narro las historias

Yo, Lidia, les contaré estas historias. Soy de Tiatira y vivo en Filipos. Pertenezco al movimiento de Jesús, el resucitado. Aunque no lo conocí personalmente, desde que escuché de él y su movimiento en Galilea, por medio de Pablo y de Silas (Hch 16.11-40), decidí incorporarme a las comunidades cristianas que crecieron fuera de Palestina y que llevan en su seno el mismo espíritu del movimiento de Jesús, el galileo. Soy una gentil convertida al judaísmo y ahora al cristianismo. Mi vida ha cambiado radicalmente desde que participo en las comunidades cristianas, que para mí son prolongaciones del movimiento de Jesús. Como mujer, puedo afirmar que este movimiento ha logrado que las mujeres seamos consideradas personas dignas y capaces de participar en las comunidades, en un plano de igualdad con los varones, tanto dentro como fuera de Palestina, Pese a que existen discusiones y dificultades dentro de las mismas comunidades, no se puede negar que se han dado grandes avances en relación con la participación de la mujer. De hecho, es nuestra presencia significativa como mujeres la que está generando las discusiones.

En algunas historias, incluso en aquellas en las que somos nosotras las narradoras, las mujeres no somos tenidas en cuenta. Esto se debe a que las sociedades son patriarcales y encuentran natural el hecho de que sean los varones quienes hacen y escriben la historia. Pero la realidad es diferente, pues las mujeres somos muy activas.

Han llegado a mis oídos muchas historias de mujeres relacionadas con el movimiento de Jesús en Galilea y Judea, y luego fuera de Palestina. Además, en nuestras reuniones, cuando se habla de las historias de Jesús, se hace referencia a él acompañado siempre solo de hombres, precisamente de doce. Eso no es así. Entiendo que este es un número simbólico, pues representa las doce tribus guiadas por el Mesías Jesús; pero también había mujeres acompañándolo todo el tiempo (Lc 8.1-3), incluso lo siguieron de Galilea a Jerusalén y estuvieron con él la semana en que lo condenaron a muerte(Mc 15.40s, Mt 27.55s; Lc 23.55).

Las historias que conozco sobre las mujeres seguidoras de Jesús muestran dos aspectos importantes: uno, que él tiene una inclinación especial por los sectores marginados y discriminados, como las mujeres, los pobres y los enfermos; y otro, que las mujeres encontraron en el movimiento de Jesús la esperanza de que las cosas pudieran cambiar para ellas, pues siempre habían sido dejadas a un lado. Yo, Lidia, les voy a contar lo que sé sobre Jesús y las mujeres valientes. Con ese fin, comenzaré por narrar las circunstancias en las que surgió el movimiento de Jesús.

El movimiento de Jesús y su contexto

La situación en Palestina en tiempos de Jesús era difícil y conflictiva, y después de su muerte se agravó aún más. Palestina es una tierra ocupada por el Imperio romano, por lo que sus tropas se movilizan por ella con frecuencia, situación que no resulta nada agradable. A los soldados romanos los conozco muy bien, pues aquí en Filipos, por ser una colonia romana, viven muchos de ellos, y numerosos aspectos de la vida de esta colonia son de carácter militar. Además, los distintos impuestos que cobran los romanos son una gran carga, a los que se añaden los del Templo, que los judíos —aun los de la diáspora— tienen que enviar a Jerusalén. Jesús no veía esto con buenos ojos.

La cuna del movimiento de Jesús fue Galilea; una región que incluye varias ciudades helenistas. La mayoría de la población de esta provincia se dedica a la agricultura (dicen que entre el 80% y el 90%) sobre todo de olivos, higos y viñedos. A Jesús siempre le gustó hablar de la buena nueva, lo que él llamaba el Reino de Dios, a través de imágenes campestres (Mt 13.24-30; Mc 4.26-32), pues ese fue el paisaje que tuvo a su alrededor durante toda su vida. Él era de Nazaret, un pueblo insignificante, con muy pocos habitantes, que se halla rodeado de cerros. Los paisajes de Galilea son hermosos y creo que a Jesús no le gustaban las ciudades. Todas las ciudades griegas son de una construcción impresionante y se parecen entre sí. Aunque nunca estuve en Séforis, una de las ciudades más importantes de Galilea, a cuatro o cinco kilómetros de distancia de Nazaret, me la imagino muy parecida a Filipos, donde vivo: con teatro, gimnasio, baños, y las casas bonitas de los ricos. En esas ciudades se habla griego, como aquí en Filipos, y aunque sus habitantes sean judíos, no se habla arameo. Digo que a Jesús no le gustaban las ciudades porque nunca escuché una historia en la que mencionara a Séforis, y seguramente él estuvo muchas veces allí, incluso trabajando como carpintero o constructor al lado de su padre, pues 4 o 5 km es una distancia muy corta para un campesino. Si se hubiese quedado trabajando solo en Nazaret, no hubiera sobrevivido, pues dicen que allí apenas hay unos 500 habitantes. Por otro lado, él sí estuvo en las ciudades de Betsaida y Corazin, pero no tenía muy buena opinión de ellas; incluso les lanzó algunos "ayes" (Mt11.21; Lc10.13). Cuando Jesús inició su ministerio, marchó a Capernaúm. Algunos piensan que fue a trabajar a la ciudad de Tiberiades, la cual empezó a construir Herodes Antipas después de que terminó de reconstruir a Séforis. Capernaúm no era una ciudad sino una aldea más grande, como de unos mil habitantes, pero mucho más importante que Nazaret. Desde allí viajaba a pueblos y aldeas para hablar del Reino de Dios.

Capernaúm está a orillas del mar de Galilea, en donde la industria pesquera es fuente de gran riqueza, claro que no para los pescadores independientes sino para los cambistas y gobernantes. Muchas de las historias que he escuchado de Jesús, relacionadas con curaciones, milagros y expulsión de demonios, ocurrieron en los distintos pueblos y ciudades a la orilla del lago de Galilea o de Tiberiades, como también se le conoce. No puedo olvidar que una de las más destacadas discípulas de Jesús y muy amada por él es de Magdala, otra aldea que queda a la orilla del lago. Me refiero a María Magdalena.

En aquel tiempo la situación política era muy difícil. En el año 4, siendo Jesús un niño, Séforis había sido arrasada por los romanos porque sus habitantes, que eran judíos helenizados, se rebelaron contra el Imperio. Imagino que esta fue una experiencia muy humillante que pudo haber marcado al pequeño Jesús o a su familia. Esto es apenas un ejemplo de los muchos conflictos que he escuchado entre el pueblo y los romanos, sobre todo en Galilea, una región que parece ser muy complicada. Muchos campesinos endeudados pierden sus tierras, ante lo cual no les queda otra opción que ir a prisión, unirse a movimientos antirromanos o esconderse en las cuevas. A consecuencia de esto, surgieron diversos movimientos que intentan recoger las aspiraciones de la gente: movimientos proféticos, mesiánicos y otros integrados por bandoleros, que cuentan con la simpatía de muchos pobres pues les roban a los ricos para darles a ellos. Algunos creen que los dos bandidos que crucificaron junto con Jesús eran de ese tipo, pues los ladrones nunca son crucificados, sino los esclavos y subversivos. Las tropas romanas son muy poderosas y han aplastado muchos movimientos, dejando un gran número de muertos.

Cuando pienso en Jesús y en su contexto, entiendo por qué lo seguía tanta gente, pues cada uno de sus gestos, palabras y acciones respondía a los anhelos de esperanza de sus seguidores, quienes buscaban cambiar su vida a través de Jesús y se unían a su movimiento. También comprendo por qué estuvo en peligro de muerte tantas veces y por qué los fariseos, los escribas y el sumo sacerdote querían apresarlo: tenían miedo de que su movimiento se viera como antirromano y que las tropas del Imperio acabaran con esta provincia al verla como rebelde. Jesús consagró toda su vida a mostrarnos un camino diferente al que vivimos ahora en esta sociedad romana. Por eso lo admiro y lo amo tanto y me considero su discípula, en tanto Cristo resucitado. Para Jesús, en la sociedad debe haber cabida para todos: mujeres y hombres, pobres e ignorantes. El Reinado de Dios, proclamación central de Jesús, es un reino ideal en el cual no hay guerras ni dominaciones, no hay hambre ni discriminación de ningún tipo, pues todas las vidas son preciosas a los ojos de Dios.

Las mujeres en el movimiento de Jesús

En el movimiento de Jesús había muchas mujeres. Eran sus discípulas y lo seguían en Galilea, al igual que los varones (Lc 8.1-3). Por su parte, Jesús no hacía distinción entre unas y otros; al contrario, una de sus características era proponer un orden diferente al que conocemos como jerárquico y era muy atrevido en sus enseñanzas; estaba en contra de aquellos que querían ocupar los primeros puestos y hablaba mal de las autoridades políticas que dominan a los demás; "Entre ustedes no será así" (Mt 10.42-45), decía. Tampoco hablaba muy bien de las autoridades religiosas que se creían muy santas y marginaban a quienes consideraban impuros o se aprovechaban de las viudas (Mc 12.40).

Para mí, Lidia, este mensaje que no me excluye, que me considera hija de Dios, persona libre e importante, es el que le ha dado sentido a mi vida y a mi comunidad. Y creo que muchas mujeres piensan lo mismo. Me gusta mucho la posición de Jesús como judío autocrítico, pues la sociedad judía discrimina a las mujeres y muchas veces las considera impuras y no les permite tomar parte importante en las sinagogas. Jesús, tal vez por ser galileo y no de Judea, no le dio mucha importancia a estas tradiciones que hacen a un lado a las mujeres. Él se dejó rodear y seguir por ellas, las consideró iguales a los varones y les restableció su dignidad perdida por las costumbres de la cultura patriarcal.

En el movimiento de Jesús hay más mujeres de lo que se cree, sobre todo porque se ha hecho mucho énfasis en los doce. Pero, como ya dije, se trata de un número simbólico. En realidad, había muchas mujeres que también oían sus enseñanzas y lo seguían a donde iba. Nadie puede negar que cuando vino a Jerusalén la semana de su muerte, varias mujeres lo acompañaron desde Galilea. Todas las historias que he escuchado sobre la resurrección de Jesús mencionan a varias mujeres como testigos (Mc 16.5-7, 9-11; Mt 28.1-8; Lc 24.1-10; Jn 20) y María Magdalena no falta en ninguna. Creo firmemente que las mujeres estuvieron presentes en las comidas comunitarias con Jesús y fueron enviadas a enseñar y sanar, como los varones. Es lo que hago ahora en Filipos, soy activa en la comunidad y enseño como cualquier varón. Somos muchas las mujeres que seguimos ese ejemplo, pero casi nunca se nos menciona. Es verdad que a quienes más se nombra es a Pedro, a Santiago y a Juan, y también a Andrés, pero eso no quiere decir que al movimiento pertenecían solo varones. Cuando escucho las historias de Jesús, aparecen más los hombres como sus acompañantes. Las mujeres aparecen como aquellas que reciben sanación, y es cierto que muchas de ellas lo buscaban porque veían en él y su movimiento una nueva propuesta de vida. Jesús escuchó siempre sus peticiones. Estas mujeres eran generalmente pobres y necesitadas, como muchos hombres de esa misma condición que también lo buscaban. Incluso he sabido de mujeres de posición acomodada, como Juana y Susana (Juana era la esposa de Chusa, el administrador de Herodes Agripa, gobernador de Galilea), que no solo seguían a Jesús sino que apoyaban económicamente al movimiento (Lc 8.3). Yo no soy rica, pero tampoco pobre, pues vendo telas de púrpura que importo de Tiatira, y mi vida transcurre como la de cualquier artesano o negociante, unas veces me va bien y otras mal.

Algo que a las mujeres nos atrae de Jesús es su concepto de familia. Para él, las familias son quienes escuchan y hacen la voluntad de Dios: hombres y mujeres, padres e hijos. Todos son hermanos entre sí (Mt 12.46-50; Mc 3.31-35; Lc 8.19-21). Pero esto no significa que esté en contra de la familia sino, más bien, del concepto patriarcal de familia. En la cultura romana y también en la judía, las mujeres tenemos un rol de sumisión muy marcado. El ideal de la mujer es ser madre, quedarse en casa y obedecer al marido, porque es este la cabeza de la familia. La sociedad romana aquí en Filipos y en otras provincias critica mucho a las mujeres que se salen de ese rol. Como en las comunidades cristianas se intenta vivir una vida fraternal sin discriminaciones, como lo dice Pablo, nuestro fundador: "Donde no hay judío ni griego, amo ni esclavo y mujer ni varón" (Ga 3.28), esto nos convierte en blanco de críticas. Ya en algunas comunidades cristianas se están viendo retrocesos y discusiones sobre nuestra participación, como en las de Corinto y otras (cp. 1 Co 11. 2-16). Imagino que esto también se daba en el movimiento de Jesús en Galilea, pero no tanto como ahora. Ojalá que no perdamos de vista sus enseñanzas, porque si se sigue restringiendo nuestra participación, como andan diciendo algunos, aunque sea como medida de sobrevivencia, vamos a alejarnos de los preceptos fundamentales del Reino de Dios que anuncia Jesús.

Uno de los problemas en este sentido es que las mujeres de Galilea que siguieron a Jesús hasta Jerusalén (Mc 15.40-41) seguramente regresaron allí después de su muerte. En cambio, algunos de los discípulos renombrados se quedaron en la ciudad de Jerusalén. Las mujeres probablemente fundaron comunidades, pero después fueron desapareciendo de la historia. Entonces me pregunto: ¿qué pasaría con Marta y María, muy amigas de Jesús, quienes eran de Betania, un lugar cercano a Jerusalén? Incluso Marta había confesado con mucha elocuencia que Jesús era el Mesías (Jn 11.27). Por eso, yo, Lidia, y muchas otras mujeres del movimiento cristiano, tenemos una gran responsabilidad: relatar nuevamente la historia teniendo en cuenta que las lideresas de las comunidades somos una gran cantidad. Así podemos hacer frente a la sociedad patriarcal que, paulatinamente, restringe nuestra participación.

Mujeres cerca de la cruz

Cuentan que el día que tomaron preso a Jesús en el Monte de los Olivos, los discípulos estaban con mucho miedo, pues la situación no era para menos. Los crucificados que no eran esclavos eran vistos como subversivos, enemigos del Imperio romano. Estaba claro, entonces, que Jesús era visto como un alborotador, con mayor razón cuando sus discípulos lo consideraban el Hijo de Dios o "Jesucristo, rey de los judíos", lo que era una provocación, pues para los romanos sólo el emperador era hijo de Dios. Ser identificado como seguidor del movimiento de Jesús el galileo era muy peligroso. Por ejemplo, a Pedro casi lo descubren por su acento de Galilea y se vio obligado a negar que era uno de los seguidores (Mc 14.66-72). Dicen que todos se encerraron en una casa por miedo a ser también encarcelados y condenados (cp. Jn 20.19). Sin embargo, cuentan que algunas mujeres pertenecientes al movimiento de Jesús que vinieron desde Galilea con él, estuvieron observando de lejos (Mc 15.40; Mt 27.55, 56; Lc 23.49) y, según otra historia, algunas estaban junto a la cruz (Jn 19.25), lo que no sé cómo pudo suceder, pues el sitio de crucifixión generalmente está lleno de soldados y no permiten acercarse a familiares ni amigos del condenado; además, no deben llorar ni hacer duelo. De todas maneras, sí creo —lo narran todas las historias— que ellas estaban tan cerca como se los permitieran los soldados, acompañando a su Maestro, el líder del movimiento, en sus momentos de agonía. Estas mujeres galileas debieron ser muy valientes para no encerrarse en sus casas como lo hicieron otros discípulos y discípulas (Jn 20.19).

Me hubiera gustado saber más de las mujeres cercanas a la cruz, pero las historias que se escuchan al respecto son algo confusas. Se refieren a distintos nombres. Una dice que allí estaban "María Magdalena, María la madre de Jacobo el menor y de José y Salomé" (Mc 15.40); otra dice que allí estaban María Magdalena, María la madre de Jacobo y de José, y la madre de los hijos de Zebedeo (Mt 27.56); y una simplemente se refiere a las mujeres que habían seguido y servido a Jesús desde Galilea (Lc 23.49), y cuando menciona el sepulcro dice que entre ellas estaban María Magdalena, Juana, María la madre de Jacobo y otras que estaban con aquellas (Lc 24.10). Aunque hay cierta confusión en los nombres, el de María Magdalena siempre aparece en primer lugar. Eso quiere decir que su presencia era clara e inolvidable y estaba acompañada de otras mujeres.

Estas mujeres que no se encerraron en una casa (Jn 20.19) aunque también tuviesen miedo, por lo menos se atrevieron a observar desde lejos todos los acontecimientos. Observaron dónde se hallaba el sepulcro donde dejaron el cuerpo de Jesús. Parece que tenían la intención de embalsamarlo. Pero lo más importante de esto es que todas las historias coinciden en que Jesús resucitado se les apareció primero a ellas y les encargó avisarles a los demás discípulos (Mc 16.5-7; Mt 28.5-7; Lc 24.5-10). Este hecho indica claramente que Jesús inauguraba así un movimiento en el cual las mujeres participaban en un plano de igualdad con los varones. Es preciso reconocer que a varios de los discípulos les costó entenderlo, pues el peso de la cultura patriarcal es muy grande y por más que Jesús enseñó y practicó las relaciones igualitarias entre hombres y mujeres, muchos de sus discípulos varones no siguieron su ejemplo. Incluso Pablo, que tanto se hace acompañar por mujeres en su ministerio y que hasta en las cárceles las ha tenido por compañeras debido a la persecución (Ro. 16.7), cuando habla de la resurrección de Jesucristo, no menciona que se les apareció primero a ellas (1 Co 15.3-8).

La carga cultural es muy pesada, por eso insisto en que debemos retomar los principios igualitarios del movimiento de Jesús.

Una historia cuenta que cerca de la cruz se hallaban cuatro mujeres y un hombre: Juan (Jn 19.25-27). Es una historia única que no he escuchado en otra parte, la cual tomaré como ejemplo para hablar de tres tipos de mujeres que son símbolo de valentía justamente porque estuvieron cerca de Jesús en los momentos en que era crucificado.

Dice la historia que junto a la cruz se hallaban cuatro mujeres: la madre de Jesús; la hermana de su madre, es decir, la tía de Jesús; María, la esposa de Cleofas, y María Magdalena (Jn 19.25). María, la madre de Jesús, sería el tipo de mujer que ama, pues ella amó mucho a su hijo y, seguramente, fue marcada por su vida y por su muerte. Este sería el tipo de mujeres que aman y desafían. Con relación a la tía de Jesús y a la mujer de Cleofas, de quienes nada sabemos, este sería el tipo de mujeres que representan a aquellas que, a pesar de su marginación e invisibilidad, luchan y resisten. María Magdalena, por su parte, es una discípula ejemplar, destacada del movimiento; representa a las mujeres discípulas y maestras que hoy proliferan sobre todo fuera de Palestina, en Corinto, Filipos, Éfeso, Roma y otras ciudades. Todas, sin embargo, son discípulas, amorosas, desafiantes y pertinaces, clasificación a la que recurro sólo para darle una organización a las historias.

PARTE I

MUJERES QUE AMAN Y DESAFÍAN

Hay gente que piensa que Jesús, por ser el líder del movimiento y haber predicado cosas sagradas, por ser hijo de Dios y haber tenido autoridad sobre las autoridades religiosas, era una persona seria, solitaria y que solamente se entregaba a su ministerio, pero no es así. Yo, Lidia, creo que él pasaba tiempo con su familia y también con amigos y amigas cercanos en quienes confiaba. Aunque cuando inició su ministerio pareciera que no le dedicó mucho tiempo a su familia, según cuentan las historias, no lo sabemos: a veces acompañaba a su mamá a fiestas, como cuando fue a las bodas de Canaán. Además, su ministerio duró apenas unos tres años, todo el tiempo anterior al ministerio lo pasó con su familia. Sabemos por ciertas historias que Jesús disfrutaba de la comida con todo tipo de personas y que visitaba amigas y amigos cuando quería descansar un poco o charlar sobre cosas del Reino de Dios en privado. Cuentan que a veces asaba pescados para sus discípulos (Jn 21.9-13). Me imagino que lo criticaban mucho por no atender a su madre cuando andaba de aquí para allá con sus seguidores. En la cultura mediterránea, el hijo tiene una relación muy especial con la madre y está obligado a atenderla de por vida cuando queda viuda. Yo no creo que la haya abandonado, como María jamás lo abandonó a él pero es verdad que él tenía un concepto de familia amplio: para Jesús, todas las personas que hacían la voluntad de Dios y en eso se parecían a él, eran parte de su familia (Lc 8.19-21). Su madre era una gran mujer, de su padre no sabemos mucho, parece que murió cuando él era muy jovencito. De María les quiero contar algunas historias que han llegado a mis oídos.

También les voy a contar varias historias de sus dos grandes amigas y discípulas de la región de Judea, las hermanas Marta y María. Ellas tenían un hermano que se llamaba Lázaro. Jesús quería mucho a esta familia, le gustaba visitarles y se preocupaba por ellos. Escuchar las historias de ellas es muy aleccionador, nos desafía a ser también buenas discípulas y seguidoras de Jesús.

Pero hay mujeres anónimas que también aman y

desafían. Voy a relatarles la historia de una mujer que fue acusada de cometer adulterio algo gravísimo tanto para la cultura judía como para la greco-romana. A través de esa historia aprenderemos tanto de la mujer como de Jesús. Porque Jesús también ama y desafía.

CAPÍTULO I

MARÍA, LA MADRE DE JESÚS, LÍDER DEL MOVIMIENTO

(Lc 1.26-56; 2.1-7; 2.41-52; Mt 12.46-50; Jn 2.1-12; Jn 19.25)

Yo, Lidia, he escuchado muy poco de María. Por las historias que circulan, a veces da la impresión de que María no pertenecía al movimiento. Durante el ministerio de Jesús, ella, así como sus demás hijos, solo aparecen de vez en cuando buscándolo entre la multitud (Mt 12.46-50; Mc 3.31-32; Lc 8.19-21). Lo que sí está claro es que después de la muerte de su hijo, María estaba incorporada al movimiento de Jesús, el resucitado, participando de la comunidad de Jerusalén (Hch 1.14). Allí tenían una casa y se agrupaban en la parte de arriba. Se dice que esta comunidad estaba integrada por hombres y mujeres que se reunían, compartían lo que tenían, perseveraban en la oración y con un mismo Espíritu (Hch 2.42-47).

Eso es todo lo que se dice de ella con relación al movimiento. Sin embargo, estoy segura de que era bastante activa, pues, generalmente, cuando se trata de mujeres que crean historia, el hecho de que se les mencione significa mucho más de lo que parece. De manera que María, la madre de Jesús, posiblemente se incorporó al movimiento poco antes de la muerte de su hijo, o luego, cuando había resucitado.

No obstante, esta María siempre me ha llamado la atención. Algo especial encuentro en ella por haber sido la mujer que trajo al mundo a Jesús de Nazaret quien, para nosotros los cristianos de Filipos, es el Mesías y el Hijo de Dios. Dos aspectos de ella me ponen a pensar: la manera como la describen en la historia y lo que significaría ser madre de una persona como Jesús.

1. A María le anunciaron un hijo y ella cantó de alegría

Una de las historias sobre el anuncio del nacimiento de Jesús (Lc 1.26-38), cuenta que un ángel se le apareció y le dijo "Alégrate llena de gracia, el Señor está contigo" (Lc 1.28). La identificación de un ángel del Señor con esta humilde muchacha —seguramente era una mujer muy joven—, es una de las características de nuestro movimiento: la identificación con gente sin mucha importancia para la sociedad. En el saludo percibimos lo que Dios pensaba de ella y el respeto que merecía; pues no era un simple instrumento utilizable.

Era oriunda de Nazaret, en Galilea, una aldea rural de más o menos quinientos habitantes. Dios no escogió a la mujer de Herodes el Grande, por ejemplo, o a una de las mujeres distinguidas de los líderes del Templo, que viven en la hermosa ciudad de Jerusalén. Prefirió nacer en una aldea sin importancia, en el vientre de una jovencita campesina.

Por supuesto, María se asustó, pero el ángel Gabriel la tranquilizó y le anunció que sería ella la madre del Hijo del Altísimo. Ella conocía bien la tradición de su pueblo judío y reconoció en las palabras del ángel las mismas que había escuchado antes sobre las promesas mesiánicas. La sorpresa y la alegría de María tendrían que ser grandes, no solo por el anuncio de la llegada del Mesías esperado con ansias en el contexto de la dominación romana, sino porque ella, una mujer pobre, había sido elegida por Dios para traerlo en su seno.

Aún no se había casado con José, pero sabía que lo haría algún día. La costumbre judía señala que primero los padres arreglan el matrimonio de sus hijos —como un contrato— y después se casan. Puede pasar mucho tiempo entre el contrato y la boda. Por eso ella pregunta cómo tendría un hijo sin tener esposo. Entonces el ángel le explica que nacerá por obra del Espíritu Santo (Lc 1.35). María de Nazaret acepta el reto de ser madre soltera ante los ojos de la sociedad, dada la posibilidad de que su futuro esposo la rechazara por estar embarazada. Con ello acepta también la posibilidad de ser apedreada por convertirse en adúltera, al estar embarazada antes de casarse. Acepta ese reto porque cree en las palabras del ángel y dice: "He aquí la sierva del Señor: hágase en mí según tu palabra" (Lc 1.38). En otra historia de la anunciación, el ángel se le aparece solo a José cuando este pensaba abandonar a María por estar embarazada de otro; pero el ángel le pide que no la deje y le anuncia que ese hijo es del Espíritu Santo y será Jesús, el Salvador (Mt 1.18-25). En este diálogo no interviene María para nada, por eso me parece una historia muy patriarcal.

Yo, Lidia, he escuchado también un impresionante cántico de María, el cual pronunció después de visitar a su prima Isabel, quien también estaba embarazada. En el encuentro de estas dos mujeres había una alegría compartida muy profunda. Eran muy diferentes, Isabel, una mujer distinguida, descendiente de Aarón y esposa de Zacarías, un sacerdote, residentes de un lugar cercano a la gran ciudad de Jerusalén, y María, una campesina humilde, de ascendencia desconocida y habitante de un pueblo despreciado (Jn 1.46). Las dos habían sido bendecidas por Dios: Isabel porque él le concedió un hijo después de muchos años de esterilidad, siendo mayor, y con ello la dignificó como mujer (Lc 1.25), y María porque siendo una campesina humilde él halló gracia en ella. Dice la historia que cuando se encontraron, el bebé de Isabel saltó en su vientre y allí se dio cuenta del rol que el hijo de María iba a tener. Me parece interesante cómo un bebé, desde el cuerpo de su madre, puede contarle cosas de Dios. Isabel alabó la fe de María porque creyó. A Zacarías le costó creer la promesa del ángel de que sería padre siendo anciano, y quedó mudo. Entonces, dicen que María, inspirada en el cántico de Ana (1 S 2.1-10) y en otras partes de las escrituras, empezó a alabar a Dios por su misericordia con los humillados, empezando por ella. Cantó así: "Alaba mi alma la grandeza del Señor y mi espíritu se alegra en Dios mi salvador, porque ha mirado la bajeza de su esclava". Muchos narran "la pequeñez o la humildad de su esclava", pero no es así. Bajeza se refiere a humillaciones y marginaciones sociales, puede ser esterilidad o violación por estatus social. Ella dijo que las generaciones la llamarían bienaventurada y estoy segura de que así será siempre y de que así como les estoy contando la historia, ustedes la contarán después. En ese canto María recuerda la manera misericordiosa de Dios para con los pobres, humildes y hambrientos, y también ve en el Mesías que llegará el amor de Dios por Israel, su pueblo, pues sabemos que Dios no olvida. La degradación de María es la degradación que su pueblo ha padecido. Por ejemplo, Nazaret está a cuatro o cinco kilómetros de Séforis, una ciudad que había sido devastada por los romanos cuando Jesús era apenas un niño. La destrucción de un pueblo por otro más poderoso es una humillación. Por eso yo creo que María observaba estas degradaciones que vivía su pueblo. Yo creo, como María, que a Dios no le agradan las desigualdades entre los seres humanos. Por eso en el movimiento de Jesús, antes y después de su muerte, siempre tenemos que tener presentes a los más pobres.

De las historias que he escuchado sobre ella, esta ha sido la que más me ha impresionado, pues percibo, a través de su canto y de su encuentro con el ángel, a una mujer muy valiente. Además, como había dicho antes, una historia dice que ella, junto a otras tres mujeres y Juan (Jn 19.24), estuvo al pie de la cruz cuando crucificaron a su hijo Jesús, mientras los demás discípulos y seguidores, hombres y mujeres, estaban escondidos (Jn 20.19). Por otro lado, yo, Lidia, como mujer, me imagino lo que significó ser madre de una persona como Jesús, líder de un movimiento. Ciertamente no fue nada fácil para María aceptar el estilo de vida de su hijo.

2. De las penas y satisfacciones que vivió María por su hijo

Al juntar todas las historias que he escuchado sobre María y Jesús, he llegado a la conclusión de que María, como mujer y madre, tuvo que haber sufrido y llorado mucho por su hijo, quien le causó —sin querer— muchos dolores de cabeza. Algunas veces por la dificultad de tener y educar hijos, y otras porque Jesús tenía planes que a María le costaba entender.

Por ejemplo, María tuvo que viajar embarazada desde Nazaret hasta Belén, lo que resultaba muy incómodo pues es un recorrido extenso que requiere de varios días, con mayor razón si ya estaba por dar a luz, según cuentan. María y José tenían que dirigirse a Belén porque el emperador romano Augusto pidió a todas las provincias que censaran a la población. Es decir, debían declarar sus bienes, fueran estos del campo o la ciudad, y estimar su valor para el cobro de los impuestos. Posiblemente José tenía alguna parcela en Belén y estaba obligado a declararla y María, como todas las mujeres, debía acompañar a su esposo. Como los censos son un instrumento para expandir el sistema de impuestos, muchas veces los pobres o las comunidades que no forman parte de la cultura dominante por su posición política, étnica o racial, tienen miedo de estos eventos. Para los campesinos y artesanos —como los carpinteros— más de la mitad de su ingreso bien puede destinarse al pago de las diferentes clases de impuestos.

Al llegar a Belén, María se vio en la incomodidad de no encontrar un lugar adecuado para el alumbramiento y tuvo que dar a luz en un pesebre. Aunque para una mujer campesina esto no debió de ser muy difícil, no es lo mismo dar a luz en el pueblo de donde se es oriundo y en su propia casa a tener que hacerlo en un lugar desconocido. De todas maneras, creo que ese hecho no es casual. Dios tenía la intención de venir como el Mesías al mundo, justamente en un medio familiar marginado. El apóstol Pablo nos exhortó una vez con estas palabras: "Tened entre vosotros los mismos sentimientos que Cristo, el cual, siendo de condición divina, no codició el ser igual a Dios, sino que se despojó de sí mismo tomando condición de esclavo" (Fil 2.2-7).

Las madres son muy apegadas a sus hijos y buscan protegerlos hasta que llegan a la madurez. Podrán imaginarse el sufrimiento y la angustia de una madre cuando su hijo está en peligro de muerte; pues así María tuvo que vivir su agonía cuando se enteró de que Herodes quería acabar con su hijo. Entonces no le quedó otra opción que huir desesperadamente con José y solo debió haberse tranquilizado cuando Herodes murió. Esto no lo cuentan las historias, pero seguramente fue así, pues los personajes históricos son de carne y hueso y tienen sentimientos. Yo, Lidia, puedo intuirlo porque también tengo sentimientos y por lo que observo en las mujeres que son madres.

Una historia narra un viaje de María, José y su hijo a Jerusalén para la fiesta de la Pascua (Lc 2.41-51). Jesús tendría unos trece años, algo así como la mayoría de edad de los muchachos del lugar, y por esa razón andaba solo. Sus padres decidieron regresar y, después de un día de camino, se dieron cuenta de que su muchacho no los acompañaba en la caravana —en esos tiempos, como era peligroso viajar solos, lo hacían en caravanas—, así que lo buscaron en los lugares donde pensaban que estaría, pero no lo encontraron. Recién lo hallaron al tercer día, en el Templo, dando muestras de su inteligencia al escuchar y preguntar a los maestros. María, encargada de proteger y educar a su hijo según la costumbre del Mediterráneo, le reprochó su falta de consideración con ella y José, que lo buscaban angustiados. Seguramente ella estaba furiosa con Jesús por el susto que le había dado y porque estaban retrasando la caravana o tal vez porque tendrían que continuar el camino solos, lo que era peligroso. Como Jesús no le pidió disculpas, María debió haberse sentido dolida, ya que esperaba respeto y solidaridad de su hijo, según la costumbre. Jesús les dijo a sus padres que ellos ya deberían tener claro el hecho de que él sería un hijo diferente y que su deber consistía en empezar a hacerse cargo de las cosas de Dios, su Padre. La historia dice que ni María ni José entendieron la respuesta. Lo bueno para María fue que Jesús decidió regresar un tiempo más con ellos y permanecer bajo su tutela.

Este escape de Jesús la angustió, pero yo creo que también la llenó de satisfacción al encontrarlo en medio de los maestros del templo, como si fuera uno más de ellos. Ver a un hijo crecer en madurez es una satisfacción que las madres nunca olvidan. Por eso ella guardaba todas esas experiencias en su corazón, aunque no las comprendía. Parece ser que este era ya un anuncio de la ruptura que Jesús tendría con su familia de sangre, no porque no la quisiera, sino porque tenía otro concepto de familia, como explicaré más adelante.

3. María acompañó a Jesús a una boda

María participa en una historia, al inicio del ministerio de Jesús, en la cual, según algunos, tuvo lugar su primer milagro. Se ha interpretado de distintas formas, pero la historia narra que asistieron a una boda en Canaán (Jn 2.1-12). Estando allí, María se preocupó porque se había acabado el vino, y se lo dijo a su hijo. Pero Jesús se molestó con su mamá y le respondió de una manera poco respetuosa: "¿Qué tengo yo contigo, mujer? Todavía no ha llegado mi hora"; lo que significaría más o menos esto: "¿Y qué nos importa a nosotros?".

Cuando explican este relato dicen que la "hora" a la que se refiere Jesús se trata de la de su muerte la cual iba a padecer más tarde a causa de su movimiento. María simplemente le informó un hecho, pero parece que Jesús entendió que estaba apurando su ministerio, y como no lo vio oportuno, le contestó de una forma característica de su joven edad. Todas las madres pasan por eso, hasta la madre de Jesús. Lo interesante es que María no discutió con él (por experiencia les digo que las discusiones con los hijos jóvenes casi siempre resultan infructuosas); ella simplemente se dirigió a los sirvientes y les dijo "haced todo lo que él os diga" (Jn 2.5). En esta reacción vemos a una mujer con autoridad, una líder que indica lo que se debe hacer. María dejó en manos de su hijo los acontecimientos, no le pidió nada ni le había pedido nada antes, sólo le avisó que no había vino. Ella no se enojó con Jesús, reconoció que era un hijo especial y confió en que él haría lo que convendría.

Yo, Lidia, he escuchado a quienes interpretan algunas historias de una manera simbólica; por ejemplo, dicen que en esta historia María representa el Israel fiel y que Jesús y sus discípulos representan la nueva comunidad de fe. El vino sería la alegría de la era mesiánica y las tinajas la ley. Por eso cuando María apareció bajo la cruz con Juan, el discípulo, Jesús la volvió a llamar "mujer" y la integró a Juan, el nuevo hijo, representante de la comunidad cristiana y a Juan le mostró a María como su nueva madre. Con eso, Jesús incorporaría los judíos creyentes a la comunidad cristiana. Esto podría ser así, pero también es importante ver en esta historia a María como mujer y madre —y sus relaciones con los demás— para reconocer la actividad de las mujeres dentro o fuera del movimiento de Jesús.

4. María sufrió la persecución y ejecución de su hijo

Aparte de lo que les he contado de María, es poco lo que se sabe de ella. Las historias a veces mencionan que Jesús era buscado por su madre y hermanos cuando andaba con sus seguidores y seguidoras por las aldeas y pueblos. José no aparece buscándolo porque tal vez ya había muerto. Una historia dice que la familia de Jesús pensaba que estaba medio loco, fuera de sí (Mc 3.21), y por eso lo buscaban. Seguramente María estaba preocupada por él como cualquier madre, pues veía el peligro que corría al hablar en público sobre un reino de Dios, cuando para los romanos sólo existía su propio imperio. Él tenía una casa en Nazaret, pero decían algunos que aseguraba no tener dónde recostar su cabeza (Lc 9.58). Tal vez, para María, Jesús debía volver a casa en Nazaret y alimentarse bien. Por otro lado, posiblemente María necesitaba de Jesús, el primogénito, para que respondiera por ella, como es la costumbre cuando el marido ha muerto.

En todo caso, en la situación conflictiva en la cual se movían Jesús y sus seguidores, María no podía vivir tranquila. Jesús pensaba diferente. María debía soltar a su hijo y dejarlo ser el hermano de todo el mundo y no solo de sus hermanos de sangre, pues siendo hermanos y hermanas de Jesús todos nos convertimos en hijos e hijas de Dios. Jesús tenía otro concepto de familia, se trataba de aquella en la cual se convierten en hermanos todos los que cumplen la voluntad de Dios (Mt 12.46-50, Mc 3.31-35; Lc 8.19-21), una familia extensa e igualitaria en donde no hay dominación de unos sobre otros. Esa era una de las características del movimiento de Jesús. María también tenía que dejar de ser la madre y dueña de su hijo y pasar a formar parte de la familia extensa que Jesús estaba creando; una nueva comunidad con nuevos valores sociales y culturales. En el movimiento originario de Jesús hay un rechazo de la casa patriarcal.

No sé si María entendía eso en los tiempos en que Jesús estaba vivo, pero comprendo perfectamente el dolor y la angustia de la madre al ver a su hijo expuesto a las autoridades que buscaban prenderlo y matarlo. Todas las historias hablan de que muchos fariseos y escribas querían ponerle trampas para apresarlo e incluso tuvo que escapar de algunos lugares porque lo querían apedrear (Jn 10.31; 11.8). Y es que Jesús era muy atrevido y directo cuando hablaba de las autoridades. Pero, si bien es cierto que María padecía estas angustias por el riesgo que corría su hijo, también es cierto que debió experimentar una gran satisfacción y agradecimiento a Dios por haberle permitido tener a Jesús como hijo. Seguramente ella escuchaba de todos los milagros que él hacía, como las multiplicaciones de pan para repartir a miles de personas, las curaciones a hombres y mujeres y las expulsiones de demonios. Ella admiraba la manera como enseñaba y también como trataba a las mujeres; él lo hacía como ninguno antes. María tuvo que haber estado orgullosa de su hijo Jesús, aunque no comprendiera muchas cosas por su distanciamiento de la familia.

Lo más doloroso para María tuvo que haber sido la crucifixión de su hijo. Seguramente pensaba que esto era totalmente injusto, porque había entregado toda su vida para cumplir la voluntad de Dios, sirviendo a los necesitados. Si para cualquiera de nosotras pensar en los momentos de la crucifixión de Jesús nos arranca lágrimas y nos conmueve profundamente, ¿cómo sería para María que lo llevó en su seno, lo cuidó como toda madre y lo acompañó desde lejos? Ella nunca dejó de ser la madre de Jesús y así se refieren a ella las comunidades. Pues para una madre, ver a su hijo muerto es motivo de un dolor incomparable. María es de esas madres que aman y luchan. Recordemos que ella, según lo narra una historia, estaba con otras mujeres bajo la cruz, desafiando el peligro de ser encarcelada por estar cerca de su hijo, considerado indeseable a los ojos del poder religioso y político dominante. Ella es una mujer valiente que vive y se muestra a contracorriente en una sociedad ocupada militarmente por fuerzas extranjeras. Fuerzas que condenarían a su hijo por medio de Pilatos y tratarían de acabar con el movimiento de Jesús, el Mesías.

CAPÍTULO II

MARTA Y MARÍA, AMIGAS DE JESÚS

(Lc 10.38-42; Jn 11.1-57; 12.1-11)

Yo, Lidia, valoro mucho las historias que incluyen a las mujeres. Nosotras siempre hemos estado acompañando el movimiento de Jesús, ya sea aquí o en Palestina, pero cuando cuentan las historias de Jesús, nos excluyen de ellas con mucha facilidad. Por eso, al escuchar sobre algunas mujeres y sobre todo cuando mencionan sus nombres, prestamos mucha atención e imaginamos que su participación fue tan importante que no las pudieron dejar de mencionar. No es que se excluya intencionalmente a las mujeres, sino que la tradición cultural es muy fuerte; por ejemplo, al encasillarlas en los roles de la casa, terminan siendo excluidas de manera natural.

Existen varios relatos sobre Marta y María y su relación con Jesús, lo que indica que ellas en verdad eran grandes discípulas y pertenecían a su movimiento. Les contaré tres historias en las que se pueden observar los desafíos de las mujeres frente a los roles que se les han impuesto y los vínculos fuertes de amistad entre ellas y Jesús. Las historias, tradicionalmente se narran de forma separada, pero en este caso las voy a interrelacionar.

1. ¿Mujeres para la casa?

Marta y María vivían en Betania, una aldea ubicada a unos tres kilómetros de Jerusalén. Betania no tenía nada de extraordinario: era insignificante comparada con la rica y moderna ciudad de Jerusalén, donde estaban el Templo y el famoso palacio de Herodes, que luego ocupó Pilatos, el procurador romano que enjuició a Jesús y lo condenó a muerte. Cada vez que escucho las historias me doy cuenta de que a Jesús no le gustaba mucho ir a Jerusalén. Para sus discípulos y discípulas era una ciudad peligrosa porque ahí estaban las autoridades judías y romanas que querían apresarlo. Pero, por el contrario, él encontraba refugio en la casa de sus amigas Marta y María y de su amigo Lázaro. Cuando estaba en peligro, si no acudía donde sus amigas, iba hacia Samaria, al otro lado del Jordán (Jn 10.39-40) o a Efraín, una región cercana al desierto (Jn 11.54). Parece que a Jesús le gustaba mucho visitar a estas dos amigas y a

Lázaro, entrar en su casa y conversar con ellas sobre el movimiento. Por cierto, ellas aparecen con mayor frecuencia en las historias y son más activas que su hermano Lázaro, de acuerdo con lo que he escuchado. Jesús los amaba mucho a los tres. Estas mujeres, como ven, no eran de Galilea sino de Judea, así que Jesús también tenía gente de Judea en su movimiento.

Estoy convencida de que María y Marta eran discípulas seguidoras de Jesús. Esto lo veo, por ejemplo, cuando Jesús las visita y se sienta y empieza a enseñar como lo acostumbraba a hacer en Galilea con cierto círculo de discípulos y discípulas (porque seguramente también había mujeres a su alrededor, aunque no lo digan). A María le interesaba mucho todo lo que decía, pues lo escuchaba atentamente; dejaba a un lado otras tareas de la casa y se sentaba a los pies de Jesús, de la misma forma que lo hacía el apóstol Pablo cuando se sentaba a los pies de un maestro muy famoso llamado Gamaliel, según cuentan algunos (Hch 22.3).

Para nosotras esto es algo nuevo ya que a las mujeres no se nos es permitido estudiar, pues no se ve con buenos ojos que hagamos lo que les corresponde a los varones, según las culturas judía y grecorromana. Y allá en Judea, en Jerusalén, es más difícil para las mujeres, pues están muy cerca del Templo y de las enseñanzas de los escribas y sacerdotes, quienes son más estrictos con las tradiciones. Pero Jesús veía las cosas de un modo diferente y en su movimiento dio cabida a las mujeres como lideresas. Me cuentan que los galileos son más libres con respecto a los preceptos del templo y Jesús, como galileo, no consideraba tiempo perdido enseñarles a María y a Marta. Hasta prefería que las mujeres no se quedaran en sus roles tradicionales de limpieza y orden en la casa. Yo creo que él las animaba a descubrir espacios que las llenaran de satisfacción y las hicieran sentir personas con capacidades iguales a las de los varones. A Jesús le gustaba que las mujeres participaran en el movimiento o que se beneficiaran de él.

Yo, Lidia, creo que si Jesús piensa de esa manera es porque nosotras tenemos cosas importantes que aportar. Marta, que parecía ser la encargada de la casa, la organizadora, a veces tendía a ahogarse en detalles (Lc 10. 38-42). Pero Jesús le abrió el horizonte y le mostró un mundo nuevo, amplio, por donde podía desplazarse y desplegar sus capacidades, aprendiendo nuevas cosas, investigando, discutiendo y aportando. María ya lo había descubierto, aunque en la historia la presentan de una forma muy pasiva, en la que solo escucha. Yo creo que en este relato Jesús quería que también Marta tuviera una mayor participación al igual que todas las demás mujeres. Y, de hecho, veremos en otra historia que Marta ya es una gran lideresa. Esto es lo que nos hace sentirnos a las mujeres como parte importante en el movimiento y en nuestra comunidad particular; lo que no es fácil, porque debemos luchar contra corriente. Pero Jesús le dice a Marta que esa parte que María eligió no le será quitada (Lc 10.42). Yo, Lidia, también me apropio de esa promesa y asumo el liderazgo en la comunidad de Filipos que se reúne en mi casa (Hch 16.40). Me parece que las cosas van cambiando poco a poco, porque hasta la manera como se cuenta la historia refleja algo insólito, como por ejemplo que digan que Jesús entró en la casa de sus dos amigas, sin mencionar a Lázaro, su propietario, o que cuenten que Marta lo recibió en su casa, cuando la costumbre es que sean los hombres quienes reciban y acojan las visitas. Esto lo tomo muy en cuenta porque es un aspecto que puede cambiar la visión patriarcal que tenemos de nuestro mundo. Aunque sinceramente, como mujer, me hubiese gustado que entre los cuatro, Marta, María, Lázaro y Jesús, hubieran realizado los quehaceres de la casa en ese momento, para luego conversar sobre el movimiento.

2. La confesión de Marta

Les voy a contar otra historia que habla de Marta y María. Es una muy linda que narra la muerte de su hermano Lázaro y de cómo Jesús lo resucitó (Jn 11.1-44). Otra vez, estas dos mujeres son las protagonistas, pero en este caso quien entabla un diálogo profundo con Jesús no es María sino Marta, aquella que estaba muy atareada en las cosas del hogar. Aquí aparece Marta como una mujer sabia y muy activa. Ella, según la historia, como encargada del hogar, es quien recibe a Jesús, pero ahora sale a la calle a encontrarse con él mientras María se queda en casa, atendiendo a las visitas que llegaron a consolarlas por la muerte de Lázaro. Como vemos, las tareas domésticas se comparten. Jesús en esta historia no entra en la casa donde lloran al muerto, sino que va al sepulcro donde este yace. Va a resucitarlo porque tiene el poder para hacerlo, y porque él vino para dar vida.

Dicen que la situación para Jesús era difícil, pues en Jerusalén lo andaban buscando para matarlo. Las autoridades pensaban que si mataban al líder acabarían con el movimiento y así las tropas de los romanos no arrasarían con la nación (Jn 11. 45-50). Jesús lo sabía y por eso se encontraba en una región lejana a Jerusalén. Cuando las hermanas le avisaron que su hermano estaba enfermo, Jesús decidió ir a Judea; pero sus discípulos querían evitar que fuese y le dijeron "¿Rabí, con que hace poco los judíos querían apedrearte, y vuelves allí?" (Jn 11.8). Pero Jesús decidió arriesgarse a visitar a sus amigas y darles el regalo de devolverle la vida a Lázaro, su hermano. Esta acción de Jesús de devolver la vida a un muerto apresurará su encarcelamiento y su condena a muerte, porque muchos creerían en él por esa señal y las autoridades no lo soportarían. Hasta a Lázaro quisieron matarlo después de que Jesús lo resucitó (Jn 12.10).

Cuando Jesús llegó a Betania, Marta salió a encontrarlo en el camino y allí, los dos, frente a los discípulos, conversaron de asuntos profundos: sobre la resurrección, la vida eterna, la fe en Jesús que da vida para siempre, entre otros. Seguramente, Marta le formulaba preguntas a Jesús y él respondía, así como la corregía en lo que le había explicado antes y le mostraba otras maneras diferentes de ver los asuntos misteriosos y profundos de Dios. En medio del diálogo entre estos dos amigos, que a la vez eran maestro y alumna, Jesús le dijo a Marta, a propósito de la muerte de Lázaro: "Yo soy la resurrección. El que cree en mí, aunque muera, vivirá; y todo el que vive y cree en mí, no morirá jamás", y luego le hizo una pregunta fundamental: "¿Crees esto?" a lo que ella contestó con una gran fe y seguridad: "Sí, Señor, yo creo que tú eres el Cristo, el Hijo de Dios, el que iba a venir al mundo" (Jn 11.27). Esta es la confesión de Marta. Yo creo que al proclamar su fe en Jesús como Mesías, ella estaba contraponiendo el poder de Jesús que da vida y el poder patriarcal controlador. Al mismo tiempo, al ser la confesión su propia palabra, ella asumía la propuesta del movimiento de Jesús como alternativa a ese poder.

La confesión de Marta se recuerda menos que la de Pedro (Mt 16.16) a pesar de que la de ella es mucho más elocuente. Yo creo que esto sucede solo porque Pedro es varón. Eso son los prejuicios de la cultura que debemos combatir.

Marta y María son de esas mujeres valientes que aman y desafían. La situación en la cual se movían era delicada, pues adherirse al movimiento de Jesús, viviendo en Judea y cerca de Jerusalén, era riesgoso. Son muchos los cambios que Jesús proponía con respecto a la cultura y las tradiciones religiosas y sociales, y muchos las mujeres y los hombres que se añadían a su movimiento porque estaban descontentos con la situación. Nada de eso era bien visto por las autoridades judías y romanas. Por eso, ellas tenían que andar con cautela. Por ejemplo, cuando Marta, después de conversar con Jesús, fue a buscar a María para llevarla ante él y escuchar las palabras de vida que le había compartido. Al llegar a la casa donde estaba María sentada en el suelo con los demás judíos que habían ido a consolarlas, le dijo al oído que Jesús estaba allí. Lo hizo al oído y no en voz alta porque sabía de la hostilidad que había hacia Jesús por parte de la gente del lugar. Entonces, María salió de su casa sin decir adónde iba. La gente pensaba que iba a llorar al sepulcro (Jn 11.28-31), pero realmente iba a encontrar a Jesús. Tal vez tenía la fe de que él podía hacer algo milagroso por su hermano.

La amistad profunda que había entre Jesús y esta familia me llama mucho la atención, porque me hace ver que su movimiento no solo busca cambiar el orden de las cosas o vive lleno de afán y angustia por la difícil situación económica y política. No, además de trabajar, enseñar y hacer curaciones y milagros, también toma su tiempo para fortalecer los vínculos de afecto y ternura con los integrantes del movimiento. Lo observo en la casa de Marta y María e imagino que así era cuando compartían una cena donde todos participaban.

3. La amistad entre ellas y Jesús

Por la manera como cuentan las historias, me doy cuenta de que Jesús amaba mucho a ellas y a Lázaro. En una de las que ya mencioné (Lc 10. 38-42), él entra en la casa como un miembro de la familia. Se siente a gusto: toma asiento, conversa con María, quien lo escucha atentamente mientras Marta, trabajando en los quehaceres de la casa, le reclama para que no le quite el tiempo a su hermana y le ayude, porque tiene mucho por hacer. Y Jesús, con un tono cariñoso, le dice: "¡Marta, Marta!", y le aconseja aprovechar ese espacio de aprendizaje, lo que a las mujeres siempre nos quieren quitar. En esa escena se percibe una atmósfera de amistad. Yo, Lidia, que soy vendedora de púrpura, líder de la comunidad cristiana y de mi casa me siento a veces como Marta, atareada y angustiada. Me olvido de mí misma y creo que no podré con todo, tal como ella. Pero al recordar esta historia, tomo las cosas con más calma y hago lo que está a mi alcance, dándole importancia a aquello que más me realice como mujer, como persona digna. Este es un consejo muy bueno que Jesús nos da a todas las mujeres por medio de la historia de Marta y María.

Muchas veces se interpreta esta historia (Lc 10. 38-42) como una forma de dividir entre la oración, el estar con Jesús y la práctica; pero no es así, ya que la enseñanza más profunda que nos deja es aquella en la cual Jesús da cabida a las mujeres en el ministerio, al igual que a los varones.

Donde más se ve la profunda amistad entre Jesús, ellas y su hermano es en la muerte de Lázaro, una historia muy emotiva en la que se repite varias veces que Jesús los amaba (Jn 11.5), y que se conmovió dos veces (Jn 11.33; 38) y hasta derramó lágrimas por su amigo (Jn 11.35), aun sabiendo que lo iba a resucitar. Es que Jesús se conmueve con el dolor humano y cuando vio llorar a sus amigas también lloró por su Lázaro. Hasta los judíos, que no querían a Jesús, dijeron: "Mirad cómo le quería" (Jn 11.36). Tener como líder del movimiento a una persona que ama con tanta intensidad a sus compañeros mujeres y hombres es algo que debemos tomar como ejemplo para que también amemos de esa manera a los miembros de las comunidades del movimiento de Jesús, sin importar su estatus, cultura o género, pues mediante la fe en Cristo todos somos iguales (Gá 3.28).

Así mismo, el amor que estas mujeres manifestaban por Jesús era inmenso y él lo sabía. Ya cerca de la Pascua, poco antes de que lo condenaran a muerte y lo crucificaran, la familia amiga de Betania le ofreció una gran cena (Jn 12.1-11) a la que Jesús llegó acompañado con algunos de sus discípulos. Me imagino que todos estaban felices porque allí en la comida también estaba Lázaro, el hermano resucitado. Marta, quien parece ser la líder de la casa, servía. María, por su parte, manifestó su amor por Jesús de una manera muy particular: le puso perfume de nardo en los pies y se los secó con sus cabellos. Esta era una muestra de amor muy grande que sobrepasaba la costumbre de lavar los pies a las visitas como muestra de hospitalidad. Ella los lavó con un costoso perfume de nardo puro y los secó con sus cabellos largos. Al instante se perfumó toda la casa.

Jesús presentía que pronto lo iban a matar, por eso para él ese gesto fue una de las más valiosas muestras de amor que un discípulo o discípula le podría ofrecer. Ella lo hizo porque, seguramente, presentía que pronto lo perdería. A Judas Iscariote no le gustó este gesto, que vio como un derroche inútil, y criticó a María. Jesús la defendió y no permitió que le quitara el placer de lavarle los pies como ella quería. Además, él vio este gesto más allá de la simple acción de lavar los pies con perfume. Él vio allí un anticipo simbólico del embalsamamiento de su cuerpo para la sepultura, como es nuestra costumbre. La historia termina diciendo que los sumos sacerdotes querían matar no solo a Jesús, sino también a Lázaro (Jn 12.10).

Jesús permitió que su discípula y amiga María tocara su cuerpo por última vez, sellando así una amistad eterna entre el Jesús que vivió en Palestina y el Jesús resucitado. Más tarde, Jesús, imitando a María, lavó los pies de un discípulo para mostrarles que sus seguidores deben siempre ser servidores de los demás. Esta es una característica del movimiento de Jesús, el cual se ha constituido para servir y no para ser servido.

No entiendo cómo fue posible que las autoridades de la Iglesia cristiana en Jerusalén, los notables, como los llaman, se hayan olvidado de Marta y de María como personajes protagonistas. Tanto aquí en Filipos como en las otras provincias del Imperio fuera de Jerusalén, no sabemos más de ellas. Solo escuchamos de Santiago, de Juan y de Pedro, además de Pablo, fundador de nuestra comunidad. Esto no debió haber sido así.

CAPÍTULO III

LA MUJER QUE NO FUE APEDREADA SEGÚN LO DICTA LA LEY

(Jn 8.1-11)

Yo, Lidia, voy a contarles otra historia sorprendente: ¡unos hombres no apedrearon a una adúltera, como lo pide la ley de Moisés! Tal vez ustedes se pregunten cómo es posible esto, si aun aquí, en Filipos, según la ley romana, los padres o esposos pueden matar a las adúlteras sorprendidas en el hecho sin ningún juicio previo.

Pues bien, esta historia ocurrió quizás durante la

semana en la que Jesús iba a ser condenado a muerte. Él estaba en Jerusalén; de día enseñaba en el Templo y de noche iba al Monte de los Olivos (Lc 21.37-38). En esos momentos, la situación para Jesús y el movimiento era tensa ya que su práctica, que para nosotros es simplemente de justicia y misericordia, para las autoridades de Jerusalén era de total irreverencia hacia la ley y las costumbres culturales. Además, como mucha gente marginada lo buscaba para escucharlo, para que la sanara o para unirse a su movimiento, Jesús se estaba convirtiendo en una amenaza a los ojos de los romanos, que son la fuerza de ocupación militar, política y económica de ese país (Jn 11.47-48).

Como ya dije, en estos tiempos no hay tranquilidad en Palestina, ni cuando Jesús vivía en Galilea ni ahora. Varios movimientos que acogen las esperanzas del pueblo han surgido pues la historia israelita habla de un Dios liberador, el mismo que rescató de la esclavitud a los ancestros de Jesús cuando vivían sometidos en Egipto (Ex 3.9-10). Para las cristianas que vivimos fuera de Palestina, Jesucristo es el Hijo de Dios, y ese Dios, su Padre, es el mismo que libró al pueblo de Egipto. Así que en esos días en que ocurrió lo que podríamos llamar el juicio de una adúltera, Jesús se encontraba en una situación muy delicada. Los escribas y fariseos buscaban la manera de apresarlo legalmente, y solo lo podían hacer basados en alguna afirmación o enseñanza que para ellos fuera falsa y contraria al sistema legal de Moisés. Por eso, Jesús dejaba la ciudad en la noche para ir al Monte de los Olivos, el que está a la par del valle del Cedrón.

1. La crueldad de las leyes

Nuestras leyes son muy severas contra el adulterio, especialmente contra la mujer. Puedo ver que, en casi todas las culturas, las leyes son más duras con las mujeres. Nuestro problema aquí, en las provincias romanas y también en Palestina, es que las mujeres somos consideradas como propiedad privada de los varones, sean estos nuestros padres o esposos. Cuando nuestros padres arreglan el matrimonio y nos comprometen con un varón de determinada familia o cuando nos casamos, es como si pasáramos a ser propiedad de otro varón. Entonces, cuando una mujer comete adulterio, es como si se violara la propiedad privada del varón. No es que al esposo le cause celos la infidelidad, sino que, de acuerdo con nuestra cultura, su propiedad no ha sido respetada (ni por la mujer ni por el varón que comete adulterio). Esto aparece muy claro en el decálogo cuando dice "No codiciarás la casa de tu prójimo, ni la mujer de tu prójimo, ni su sierva ni su siervo, ni su buey ni su asno ni nada que sea de tu prójimo" (Ex 20.17). Aquí las mujeres somos un objeto que pertenece al marido. Yo estoy en contra del adulterio, pero no me gusta que las mujeres no seamos consideradas como personas.

Para entender mejor la historia, les voy a contar algo de nuestras leyes. El sistema legal en Jerusalén se rige por el de Moisés, siempre y cuando no entre en contradicción con la ley romana. El adulterio (Lev 20.10; Dt 22.22-24) y la blasfemia (Lev 24.14-16) son castigados con la pena de muerte, por lapidación o por estrangulamiento. La lapidación o el morir apedreado es un castigo muy cruel, pues causa una muerte lenta. Parece que en esos días en Palestina había una fuerte discusión sobre el tipo de muerte que debían tener los adúlteros, si por estrangulamiento, que es menos cruel, o por lapidación. Los judíos todavía no se ponen de acuerdo.

Aquí en Filipos se aplica la ley romana. Creo que es peor, porque dice que si el padre sorprende a su hija en adulterio, en su casa o en la casa de su yerno, inmediatamente puede matarla a ella y al hombre adúltero. La ley de Moisés es igual de cruel, pero por lo menos, requiere, para la lapidación, dos testigos que sorprendan a los adúlteros en el hecho y una investigación profunda para comprobar si la acusación es verdadera. Cuando se condena a alguien a muerte por lapidación, los testigos son los primeros en tirar la piedra y la responsabilidad del resultado del juicio (culpabilidad o inocencia) cae sobre ellos; luego todo el pueblo se une a la apedreada.

2. Jesús no apedrea a la mujer adúltera

La historia comienza diciendo que Jesús fue al Monte de los Olivos y muy temprano en la mañana vino al Templo. También cuenta que todo el pueblo acudía a él y entonces se sentaba a enseñarles. Para nuestra cultura, sentarse y enseñar implica tener autoridad. La historia inicia así porque quiere mostrarnos la autoridad tan especial de Jesús, que no se apega a la autoridad escrita, como los escribas y fariseos, sino que viene de sí mismo, de lo alto, según se dice.

Entonces, cuando estaba enseñando, lo interrumpieron los escribas y fariseos quienes llevaban a una mujer que había sido sorprendida en adulterio, y la pusieron en medio de todos. La historia no habla de la condición de la mujer, pero tal vez era comprometida porque la lapidación es muy clara para las comprometidas en matrimonio. De las casadas no se especifica, y cuando la ley no especifica una muerte, esta se debe hacer por estrangulamiento. Aunque todo eso es confuso, ya que generalmente se ha aplicado la lapidación para toda mujer adúltera.

La historia tampoco dice nada sobre los sentimientos de la mujer, pero como mujer pienso que estaría viviendo una situación muy difícil. Si era verdad que estaba cometiendo adulterio —porque a veces los esposos mienten al respecto cuando quieren deshacerse de su esposa—, su vida había terminado, aun cuando no hubiera sido condenada a muerte. La reputación es algo que debemos cuidar mucho como mujeres en nuestros días para no caer en sospecha de ser merecedoras de abandono o de muerte. Los padres pasan preocupados día y noche por la reputación de sus hijas desde que son niñas. Pero, siguiendo con la historia, los fariseos y escribas pusieron a la mujer en medio como para que todos la vieran y juzgasen; solo llevaron a la mujer, cuando debían haber llevado a los dos implicados (Lv 20.10). La historia no dice qué pasó con el hombre. Tal vez huyó por temor a morir. He oído de casos en que a veces ellos escapan o dan soborno, o son parte de un trato arreglado con el esposo. No es que las mujeres nunca sean culpables, pero es que detrás de todo esto se presentan muchas injusticias, solo porque somos mujeres y no contamos como personas. Los escribas y los fariseos pusieron, pues, a la mujer en medio y, de hecho, ella sería el centro de la historia hasta el final.

Entonces le dijeron: "Maestro, esta mujer ha sido sorprendida en flagrante adulterio. Moisés nos mandó en la Ley apedrear a estas mujeres ¿tú qué dices?" (Jn 8.4-5). Parece que los fariseos y escribas le estaban preguntando sobre el tipo de muerte que debía tener la mujer (considerada ya culpable por ser sorprendida en adulterio), si por estrangulación o por lapidación. Como no aparecieron los dos testigos, tal vez ella ya había sido juzgada en el Sanedrín como lo indica la ley, y considerada culpable. Así que ellos le presentaron el problema de la condena a muerte, pues como dije, en tiempos de Jesús había una fuerte discusión sobre la pena capital por lapidación. Alguien me comentó que los fariseos querían reducir al mínimo el número de condenas de este tipo de muerte. Qué bueno, pues yo no estoy de acuerdo con la pena capital, menos por lapidación.

Ahora bien, para la situación de vida y muerte que estaba viviendo Jesús, la pregunta era muy difícil y comprometedora, y hecha de mala fe con la intención de tener alguna base para acusarlo (Jn 8.6). Ellos querían juzgar a Jesús como lo habían hecho ya con la mujer. Jesús y la mujer estaban en peligro de muerte por el mismo sistema legal, aunque por motivos diferentes. Si Jesús decía algo que pudiera ser interpretado como blasfemia, también merecería la lapidación de acuerdo con la ley judía, tal como la sufrió Esteban más tarde (Hch 7). Pero como se trataba de pena capital, la situación de Jesús era doblemente peligrosa, pues en esos años a los judíos se les había prohibido condenar a muerte ya que sólo la ley romana podía hacerlo. De manera que Jesús estaba acorralado. Cualquier respuesta que diera podría ser fatal. Si aprobaba la lapidación, se colocaba contra la ley romana y contra sí mismo, que siempre había sido misericordioso. Si se pronunciaba en contra de la lapidación se colocaba en contra de la ley de Moisés, acto grave para los doctores de la ley. Me imagino que todos los oídos estaban atentos a lo que Jesús fuera a decir. Pero él no dijo nada. Era muy inteligente y entendía la situación. Sólo se inclinó y escribió con el dedo en la tierra.

Cuando yo pregunto qué escribió, por qué o qué significa (Jn 8. 6-8), nadie sabe contestarme; es un enigma. Algunos piensan que estaba escribiendo la culpabilidad o los pecados de la gente que acusaba, basándose en algo que dijo el profeta Jeremías (Jer 17.13); otros dicen que tal vez se refería a la manera romana de escribir primero la condena y leerla después en público. Otros, que simplemente fue un acto común de alguien que se muestra distraído, como ocurre muchas veces. Yo no creo nada de eso; Jesús se desenvolvía en un ambiente judío, así que no debía tener en mente los protocolos de la ley romana, tampoco creo que estuviera pensando en una cita de Jeremías ni distraído; la situación era tensa. De todas maneras es un enigma y el hecho de que la historia lo repita lo hace más intrigante. A veces pienso que podría ser una manera de escribir la ley, subrayando indirectamente la importancia de la flexibilidad; no se trata de una ley escrita en una piedra, inflexible, que es capaz de apedrear y matar. La ley escrita en tierra es como una ley que toma en cuenta compasivamente todos los elementos de una situación antes de dar la condena. Es como la ley escrita en los corazones que se hace a conciencia y toma en cuenta la vida concreta de los seres humanos. No hay esclavitud en una ley escrita en el polvo. Yo, Lidia, creo que es importante que haya leyes, pero estas deben ser justas y humanas cuando se aplican.

Pero sigamos con la historia. Jesús no se pronunciaba sobre el caso, tal vez porque no quería o porque estaba pensando qué contestar de manera inteligente. Pero ante la insistencia de la misma pregunta, se levantó y la devolvió, dejando la ejecución a la responsabilidad de cada uno. Dijo: "Aquel de vosotros que esté sin pecado, que le arroje la primera piedra" (Jn 8.7). Esta sentencia es genial, sabe que la lapidación es imposible porque todos somos pecadores. De esa manera salvó a la mujer y se salvó a sí mismo del aprieto en que lo pusieron los que querían aprehenderlo.

Para las mujeres esta sentencia es muy importante, pues somos juzgadas y discriminadas por insignificancias, por gente que no ve sus propias fallas, muchas veces de mayor profundidad. Ya lo había dicho Jesús: "La paja ves en el ojo ajeno, mas la viga jamás ves en el tuyo" (Mt 7.3; Lc 6.41).

Nadie se atrevió a lanzar piedras. La responsabilidad de matar a alguien es grande cuando no se sigue ciegamente la ley. Veo que seguir la ley muchas veces cubre las culpabilidades personales y también legitiman los asesinatos, como el de Jesús en la cruz que se hizo con toda la legalidad del caso. Cada uno de los presentes, desde los ancianos hasta los jóvenes, se miraron en un espejo a través de la mujer; Jesús logró que vieran su propia condición. Nadie era inocente, nadie tenía derecho a matar a otra persona que tampoco era inocente.

La historia dice que todos se fueron, empezando por los ancianos que tenían más recorrido en la vida. Parece que Jesús hizo que todos se sintieran cómplices.

La historia termina con un diálogo entre Jesús y la mujer. Después de que todos se fueron, ella siguió parada en medio; no escapó, como pudo haberlo hecho al no ser apedreada. Se quedó allí, esperando un segundo juicio: el de Jesús, el líder del movimiento que anuncia el reino de Dios y ofrece vida abundante. Jesús conversó con ella y le hizo ver que habían desaparecido los que la condenaban. Cuando le preguntó "mujer, ¿dónde están los que te condenaban? ¿Ninguno te condenó?", ella repitió "Ninguno, Señor". A lo que Jesús respondió: "Tampoco yo te condeno, vete y desde ahora en adelante no peques más" (Jn 8.10). Jesús la perdonó. Él pudo haber sido el único con derecho a lapidarla, de acuerdo con la ley y su propuesta de que solo el que fuese libre de pecado lanzara la piedra. Pero él estaba en contra de la pena de muerte; prefirió ofrecerle una oportunidad, para que se restaurara y viviera una vida honesta y digna frente a la comunidad. Curiosamente, Jesús no esperó a que pidiera perdón y se arrepintiera, como muchas veces se nos exige, sino que la perdonó con la plena confianza de que el perdón la haría cambiar de vida.

Permítanme decirles que esta historia no es muy

popular aquí en las comunidades cristianas. Los líderes varones no la cuentan con mucha frecuencia, sino que la esconden y no saben qué hacer con ella, pues piensan que Jesús perdonó muy fácil a esta mujer. Para mí, esta historia es una de las más importantes, no solo porque Jesús se puso del lado de la mujer, la perdonó y le dio una nueva oportunidad de vida, sino porque, en mi opinión, él se pronunció en contra del sistema legal injusto y discriminatorio. Ella sabía que era digna de una condena por adulterio, pues según la historia la mujer era adúltera y Jesús lo creía. Lo que era y es injusto es el sistema legal que condena a la muerte horrenda de la lapidación. Lo que también es injusto es que sea solo la mujer quien reciba el castigo, en este caso, o que la ley se preste para ser manipulada por quienes buscan deshacerse de sus esposas o prometidas. En esta historia, Jesús se muestra en contra de ese sistema legal injusto.

La mujer adúltera desafía de una manera diferente a las mujeres de las historias que he contado anteriormente. Ella nos desafía a vernos a nosotros mismos como en un espejo y a no condenar con facilidad a los demás.

PARTE II

MUJERES ANÓNIMAS QUE LUCHAN Y RESISTEN

A mí, Lidia, me ha llamado la atención una versión muy particular que menciona a las mujeres que estaban cerca de la cruz de Jesús de Nazaret. Ya dije que en nuestros tiempos hay que ser muy valiente para estar cerca de un crucificado y que las historias acerca de los nombre de esas mujeres varían. Para mí lo más importante es saber que eran mujeres y que nos dan un ejemplo muy grande de valentía. Pero me causa curiosidad que en una de las historias de Jesús crucificado se menciona a una de sus tías, es decir, a la hermana de María, y a otra, llamada también María, mujer de Cleofas. Nunca he escuchado hablar de ellas. Están totalmente ausentes de todas las historias que se cuentan sobre Jesús de Nazaret. Sé por experiencia propia que las mujeres, generalmente, no somos tomadas en cuenta en las historias, a menos que alcancemos una gran fama imposible de borrar; entonces no me parece raro ni que Jesús haya tenido una tía que también formara parte de su movimiento ni que haya venido de Galilea a Jerusalén con otras mujeres.

Me hubiera gustado saber más de ellas. Por ejemplo, qué las motivó a participar en el movimiento de Jesús, y qué las llevó a estar tan cerca del mismo líder al punto de seguirlo hasta en el momento de su muerte. ¿Será que la tía de Jesús sólo vino a acompañar a su hermana, arriesgando su vida? ¿o que así como la otra María, esposa de Cleofas, quería solidarizarse con su líder, condenado a la muerte de cruz por los romanos?

Las historias callan sobre la existencia de la tía de Jesús, no hablan absolutamente nada de ella; pero tampoco de sus hermanos. Y eso que uno de ellos, Santiago, después de la resurrección, llegó a ser el jefe de la Iglesia de Jerusalén. Las historias callan de María, la mujer de Cleofas, pero tampoco dicen mucho de Cleofas. Así que yo creo que se trata de dos mujeres de carne y hueso, muy cercanas al movimiento de Jesús.

Como ellas, hay muchas que pasan inadvertidas pero que son ejemplo de lucha y resistencia continua. De ellas aprendemos mucho y son dignas de mención cada vez que tengamos la oportunidad. Ahora voy a hablar de este tipo de mujeres.

CAPÍTULO IV

MUJERES EN DOS PARÁBOLAS

1. La viuda que luchó hasta que se le hizo justicia (Lc 18.1-8)

Yo, Lidia, hasta aquí les he contado historias reales sobre mujeres. Pero he escuchado también parábolas de Jesús en las cuales ellas son protagonistas. Para mí, estas mujeres son muy reales, pues una parábola toma ejemplos de la vida cotidiana para ofrecer una enseñanza.

Esta parábola trata de la lucha y resistencia de una mujer pobre y viuda. Cada vez que escucho esta historia, me animo a seguir resistiendo en este contexto en el cual vivo. Para las mujeres que no nos conformamos con la vida sometida que llevamos, llena de obstáculos que nos impiden realizarnos como personas, la resistencia es algo imprescindible. Muchas de las historias de mujeres que encuentro en las escrituras están marcadas por la resistencia y la perseverancia. Cuando resistimos y luchamos contra cualquier oprobio sin desfallecer, obtenemos lo que buscamos.

Jesús contó la parábola de la viuda con la intención de que sus seguidores perseveraran en la oración y lucharan contra la injusticia mientras llegaba el Reino de Dios. Siempre que esta parábola se cuenta, se hace referencia a la importancia de orar sin cesar y que, al terminarla, Jesús asegura que Dios hará justicia.

La parábola dice que había una vez un juez en una ciudad —no menciona cuál, pero aquí todas las ciudades son muy parecidas— con muchas atracciones y también mucha perversión, atracos, pleitos, inmoralidades, injusticias y falta de solidaridad. Bien se sabe que existen autoridades corruptas que buscan su propio interés y la alabanza del pueblo. Con ese fin, frecuentemente los jueces, sacerdotes, gobernadores, jefes militares y los más ricos se alían. Pero eso no es algo nuevo, pues en los profetas leemos las críticas a los reyes, jueces, sacerdotes y profetas falsos de Israel y Judá. Aunque también hay gente buena, abundan los corruptos. Parece que donde están de por medio dinero y poder siempre hay corrupción.

La historia de la parábola dice de manera específica que ese juez era malo y que no temía a Dios ni respetaba a los seres humanos (Lc 18.2, 4). Señala a Dios y a los seres humanos porque si se respeta al prójimo se teme a Dios, y si se oprime al débil se ultraja a Dios; según dicen los escritos (Pr 14.31). La insistencia que vemos en las escrituras de que se haga justicia a la viuda y al huérfano es porque, generalmente, los jueces preferían escuchar a la gente con poder, prestigio y dinero.

También en esa ciudad, continúa la parábola, había una viuda que acudía constantemente a este juez, solicitándole que le hiciera justicia. De esa manera, aparecen en la historia dos personajes opuestos. Y no podía ser de otra manera, ya que las ciudades están llenas de contrastes e incluso muchos viven a expensas de otros, como aquí en Filipos donde la injusticia es estructural. Yo me doy cuenta de esto porque, como comerciante, me relaciono con todo tipo de gente aquí en la ciudad. Las mujeres debemos ser muy astutas para que no se aprovechen de nosotras.

Decía que la viuda era totalmente contraria al juez: pobre, indefensa y mujer. Además, tenía un caso legal pendiente contra alguien que la había perjudicado. Ella me recuerda a muchas mujeres de hoy en nuestras ciudades grecorromanas, pero también de tiempos muy antiguos. La viuda, el huérfano y el extranjero son, en la cultura judía, las personas más desvalidas, frecuentemente atropelladas y con sus derechos negados. Por eso encontramos varias leyes a su favor, por ejemplo, una que dice: "No maltratarás al forastero, ni lo oprimirás, pues forasteros fuisteis vosotros en el país de Egipto. No vejarás a viuda alguna ni a huérfano" (Ex 22.21-22).

Para mí es muy claro que el problema de las viudas tiene que ver con nuestro sistema patriarcal. Las mujeres pertenecemos a los hombres como si fuésemos objetos, y no se nos otorga el derecho de decidir sobre nosotras mismas. Se espera que nos defienda el padre, el marido o nuestro hijo mayor. Entonces, al enviudar no se nos hace caso porque se espera que nos defienda un varón. Esto me enfurece, pues soy muy crítica de las culturas cuando estas oprimen a las mujeres, y busco ser fiel a la tradición religiosa judeocristiana cuando veo que Dios defiende a los desvalidos. Como forastera y mujer aquí en Filipos, me encanta cuando escucho en la sinagoga la lectura que dice que nuestro Dios no admite sobornos, hace justicia al huérfano y a la viuda, ama al forastero y le da pan y vestido (Dt 10.18).

La parábola no aclara cuál era la injusticia que se había cometido contra la viuda. A veces, en la vida real, a las viudas les quitan violentamente sus casas (Lc 20.47). También conozco casos de viudas judías que acuden al juez para reclamar su derecho de levirato, es decir, de casarse con el hermano de su marido muerto para darle hijos en su nombre. No sabemos por qué la viuda de la parábola va al juez, pero seguramente tenía que ser por algo muy importante para su sobrevivencia, pues insiste incansablemente en que se le escuche su petición.

El punto que quiero resaltar de esta parábola es la terquedad de la viuda. Dice la historia que ella iba constantemente donde el juez y le decía "Hazme justicia contra mi adversario" (Lc 18.3); estaba simplemente reclamando su derecho. Lo hacía recurriendo a los tribunales y parece que no le quedaba otra manera de lograr la justicia, porque volvía reiteradamente donde el juez, pero este, encargado de impartir justicia, no hacía lo que le correspondía. Me imagino que la situación de la mujer debió de haber sido muy desesperada, porque resulta muy molesto y agotador recurrir todo el tiempo a los tribunales, dejando a un lado otros asuntos prioritarios o, por lo menos, más agradables. Ella estaba segura de su derecho y no se hallaba dispuesta a dar su brazo a torcer y aceptar la opresión de la cual estaba siendo víctima. Yo conozco los tribunales de las ciudades helenistas, que son deprimentes para los pobres y esclavos, y no es raro que ganen los que tienen poder. Allí una persona termina amargada a causa de asistir frecuentemente. Me imagino que los tribunales no romanos son parecidos, pues, por ejemplo, la injusticia de los jueces se daba mucho durante la monarquía de Israel.

La viuda insiste, pues la perseverancia es su único medio para vencer. Dice la parábola que durante mucho tiempo el juez no quiso escucharla y hacerle justicia (Lc 18.4). Eso significa que, en su terquedad, la viuda dedicó mucho tiempo en visitas al juez. Tal vez se propuso no renunciar al caso hasta obtener una respuesta positiva de su parte.

El juez se cansó de verla todos los días con la misma historia, y, algo insólito, empezó a tenerle miedo. Se presentaba tan decidida todo el tiempo frente a él, que posiblemente esto provocaba escándalo a los ojos de los demás. Tal vez tenía miedo de perder el honor y caer en vergüenza públicamente, pues él mismo aceptó que esta mujer podía darle una bofetada en cualquier momento y ponerle morado el ojo, lo que todo mundo sabría. Por eso, un día el juez se dijo: "Esta viuda me causa muchas molestias, le voy a hacer justicia, no vaya a ser que un día de estos venga y me dé una gran bofetada" (Lc 18.5). Finalmente ella logró, con su perseverancia y su decisión, que se le hiciera justicia aunque el juez no lo haya hecho por su propia voluntad, pues los derechos de las viudas no le interesaban. El juez cedió porque fue vencido por la acción perseverante de la viuda. Él, que era un gran arrogante, tuvo que ceder a la petición de la viuda pobre y terca.

Yo, Lidia, creo que esta parábola de la viuda es un gran ejemplo para nosotras que debemos salir adelante a toda costa en la sociedad patriarcal donde vivimos. No debemos encerrarnos en los roles que la sociedad nos asigna ni ser pasivas. Tampoco podemos aceptar las injusticias que se cometen contra nosotras poniéndonos a llorar cruzadas de brazos, o sintiéndonos débiles. Debemos resistir y luchar. Nadie esperaría que una mujer como la de la parábola tuviera el coraje de golpear al juez si este no le resolvía el caso. Ambos, seguramente, estaban por perder la paciencia, pero el juez tuvo que ceder porque ella resistió más y logró a la vez que la viera como una amenaza que lo avergonzaría en público.

Dicen que Jesús, al final de la parábola, exhortó a los que lo estaban escuchando a que tomaran el ejemplo de la viuda y oraran sin cesar. Eso significaba que sus seguidores debían perseverar en la oración y también en la lucha constante, porque aunque la situación se presentara difícil y no pareciera cambiar, Dios, que no es como el juez malo, respondería pronto. Así pues, la garantía del triunfo de la justicia nos la da Jesús, pero sus seguidores debemos, como la viuda, ser tercos en la oración y en la lucha por la justicia.

2. La mujer que no descansa hasta encontrar algo muy preciado (Lc 15.8-10)

Recuerdo otra parábola similar a la anterior que yo, Lidia, tengo siempre muy presente en mi contexto aquí en Filipos. Se trata de una mujer que no desmaya en su lucha por encontrar una moneda que perdió. Aunque muy breve, esta parábola nos deja una gran enseñanza sobre nuestras hermanas pobres y su lucha por sobrevivir. Cada vez que la escucho, me pongo en el lugar de la mujer y me angustio cuando busca la monedita que perdió, y luego me alegro cuando la encuentra. Entonces siento profundamente el amor de Dios por nosotras cuando Jesús lo compara con ella.

Jesús contó esta parábola después de otra que tiene un mensaje similar. Se trata de un pastor que cuida cien ovejas y pierde una; la busca hasta que la encuentra y se alegra. Dicen que Jesús contó estas dos parábolas cuando fue criticado por fariseos y escribas, porque se juntaba con publicanos y pecadores y comía con ellos.

Tengo entendido que los publicanos o recaudadores de fondos públicos son judíos subalternos poco influyentes que responden a un jefe principal de la recaudación de impuestos. Son mal vistos porque recogen los impuestos para el Imperio romano, además porque no es raro que cobren más de lo que deben y se queden con el sobrante. No ganan mucho por su trabajo y obtienen más robando. Ellos sufren la discriminación por su trabajo impuro y son considerados pecadores. Cuando Jesús vivía les gustaba escucharlo porque él no hacía acepción de personas. Conozco el caso de uno que vivía en Jericó, llamado Zaqueo, que se convirtió y devolvió mucho más de lo que había robado (Lc 19.2-10).

Publicanos y pecadores son personas que tienen que cargar con un estigma de inferioridad y ese padecimiento es terrible. Yo, Lidia, lo sé porque soy una mujer liberta. Y aunque compré mi libertad hace bastantes años, aún no pierdo el estigma de haber sido esclava.

La gente que se creía muy santa, en este caso algunos fariseos y escribas, criticaba a Jesús y decía: "Este acoge a los pecadores y come con ellos" (Lc 15.2). Fue entonces que Jesús contó las dos parábolas, la de la oveja y la moneda. Seguro ustedes han escuchado más la de la oveja, porque se habla más de esta que de la de la mujer que perdió la moneda. Veo que muy pocos ponen atención a esta mujer, y cuando narran esta parábola enfatizan solo en el amor de Dios por los pecadores. Pero a mí me gusta adentrarme en el mundo de las mujeres y observar todos los detalles, porque allí, en los ejemplos escogidos, se encuentran buenas enseñanzas.

Empieza así: "¿Qué mujer, que tiene diez dracmas, si pierde una, no enciende una lámpara y barre la casa, y busca cuidadosamente hasta que la encuentra?". La historia no dice cómo fue que perdió la moneda, pero eso no importa porque lo que subraya la historia es que la buscó hasta que la encontró.

La mujer de la parábola es extremadamente pobre o, mejor dicho, miserable, pues diez dracmas es muy poco dinero. Por ejemplo, se sabe que una vez Herodes les dio 150 dracmas a los soldados de su ejército, y a los oficiales mucho más que eso. Si comparamos lo que tenía la mujer con la recompensa de aquellos soldados, vemos que era poquísimo. Una dracma equivale a un denario de plata. Un denario es el salario de un día para un campesino (Mt 20.1-16). Con el costo de vida en Palestina y acá en Filipos, diez dracmas le alcanzarían apenas para sobrevivir algunas pocas semanas. Por eso ella busca con tanto esmero esa moneda que se le extravió, pues para ella significa mucho.

La parábola cuenta con detalles lo que la mujer hace para encontrar la moneda. Primero, enciende la luz. Eso quiere decir que su casa era oscura, posiblemente con un solo cuarto sin ventanas, por tanto necesitaba luz para buscar la pequeña moneda. Después barre la casa con una escoba de palma, la cual podía introducir en todos los rincones. Si el suelo era rocoso, como el de las casas pobres, podría escuchar el sonido y así dar con ella. Finalmente, la busca con mucha diligencia, y no se detiene hasta que la encuentra.

Hay algunos que piensan que la dracma tiene que ver con el tocado que llevan las mujeres adornado con monedas. Este sería la dote, que para ellas es muy importante, por eso no se lo quitan ni cuando duermen. Se trataría entonces de un tocado muy pobre.

Pero yo creo que no se trata de eso. Veo en ella a una de las muchas mujeres obligadas a trabajar aquí, en Palestina y en todo el mundo. Porque si la vida de los hombres pobres es dura, más lo es la de las mujeres. Eso de que la mujer es cuidada por su esposo es un cuento de nuestra sociedad patriarcal. Por ejemplo, para sobrevivir, una persona necesita al año doscientos denarios. Un padre de familia jornalero, con esposa y seis hijos, necesita de otras entradas, pues los doscientos denarios no le alcanzan, así que las mujeres se ven obligadas a trabajar y darle el dinero a su marido. Se necesita el aporte económico de la mujer para que sobreviva toda la familia. Y si son viudas con hijos, su necesidad de trabajar día y noche es una realidad. Peor aún: las mujeres reciben menores salarios que los hombres. Lo que un jornalero gana en un día, la mujer lo gana en dos. Ella necesita trabajar dos veces para recibir el mismo salario que el varón. Además, muchos niños trabajan desde los seis años y eso es una gran injusticia.

Yo no vivo en esas condiciones de necesidad tan extremas; la venta de la púrpura me ayuda a salir adelante a mí y a los de mi casa, aunque tengo que trabajar el doble que los varones. Me gusta que en el movimiento de Jesús no haya acepción de personas y que haya una consideración muy especial para los marginados. En muchas de las historias del movimiento de Jesús y las mujeres, vemos la solidaridad de Jesús con ellas y eso, para mí, Lidia, que tengo más o menos asegurado mi ingreso económico, es una invitación a que nosotras también seamos solidarias con ellas.

Disculpen que me salga de la historia, pero creo que estas aclaraciones son necesarias para entender mejor la parábola.

Entonces, la mujer pobre de la parábola buscó con angustia su moneda porque esta representaba parte de su vida. No era una mujer rica que compraba de la otra púrpura, la que yo no vendo, esa que se obtiene de un animal marino y que es considerada un artículo de lujo. Ta poco era una de las mujeres de la casa del César que despilfarran el dinero; para ellas, una dracma extraviada es totalmente insignificante. En realidad, la oveja y la dracma perdidas eran de mucho valor para sus dueños, por eso en las parábolas se enfatiza en el cuidado que tuvieron para buscarlas.

La parábola dice que cuando la mujer encontró la moneda se alegró tanto que invitó a sus vecinas a festejar el hallazgo. Les dijo: "Alegraos conmigo, porque he hallado la dracma que había perdido" (Lc 15.9).

Tal vez para muchas personas este hecho tan trivial es poco significativo, pero para estas mujeres pobres, asegurar la vida es motivo de felicidad. La dicha de la mujer se desbordó; todo su trabajo en la búsqueda de lo perdido —y a la vez necesitado— tuvo su buen resultado. Hubiera sido triste no encontrar la dracma después de tanto esfuerzo. Su alegría rebosó tanto, al grado de que no pudo guardarla solo para sí. Sintió una necesidad inmensa de compartir su dicha con sus vecinas. Y ellas, que seguramente estaban en condiciones similares porque vivían en el mismo sector, entendieron perfectamente su situación y se alegraron también. Se trataba de una alegría compartida y solidaria.

Yo, Lidia, mujer con mejor posición por mi ocupación, encuentro tan hermosa esta parábola porque me invita a ser solidaria con estas mujeres.

Después de que Jesús contó la parábola, dio una bella explicación. Comparó la alegría de esta mujer —y la del pastor que encontró a su oveja— con la alegría de Dios compartida con todos sus ángeles cuando uno de los llamados "pecadores", como los publicanos y los marginados, se convertía al mensaje de buenas nuevas de Jesús y se unía a su movimiento. La vida de estas personas tiene tanto valor para Dios como el valor de la dracma y de la oveja para sus dueños.

Con esta parábola, Jesús desafió a los fariseos y escribas que estaban allí a que miraran a los publicanos y pecadores de manera diferente, como personas dignas. Yo, Lidia, pagana convertida al cristianismo y además liberta y mujer, doy gracias a Dios por su solidaridad con los pobres y las estigmatizadas por nuestra sociedad grecorromana patriarcal.

CAPÍTULO V

LA MUJER QUE LE ARRANCÓ UN MILAGRO A JESÚS A ESCONDIDAS

(Mc 5.21-43)

1. El sistema de pureza-impureza

Yo, Lidia, he ido superando muchos elementos patriarcales de la cultura grecorromana que me marginan como mujer. No ha sido fácil para mí, porque las tradiciones culturales siempre se ven como algo natural y por lo tanto imposibles de cambiar. Pero la novedad del judío galileo, Jesucristo, ha sido la fuerza principal que nos ha llevado a cambiar a muchos hombres y mujeres. Para las mujeres judías de Jerusalén ha sido un poco más difícil que para las mujeres judías de Galilea, pues estas no son tan apegadas a los preceptos del Templo de Jerusalén; mucho menos las de los sectores pobres. Sin embargo, los fariseos, que viven en toda Palestina, incluyendo Galilea, hacen mucho énfasis en lo que tiene que ver con pureza e impureza. Tal vez por eso Jesús se refirió a esa situación con frecuencia y, según lo que escucho de las historias, él toma distancia de ese sistema de pureza y critica a los fariseos y escribas el hecho de que quieran imponerlo entre la población.

La cercanía de Jerusalén y el templo en Palestina con sus sacerdotes dificulta, más que aquí en Filipos, el que las mujeres se liberen de las normas religiosas del sistema de pureza. Por eso, cuando escucho una historia como la de la curación de una mujer que padecía flujo crónico de sangre y su reincorporación en la sociedad, doy gracias a Dios por mostrar nuevos caminos por medio del judío galileo llamado Jesús.

Para entender mejor la historia de esta mujer enferma, es importante que primero les cuente algo sobre el sistema cultural y religioso. Lo conozco bien porque soy una convertida al judaísmo y pertenezco también al movimiento de Jesús el Resucitado.

Pues bien, en la sociedad judía, de donde procede Jesús, las cosas se organizan a través del llamado "sistema de pureza"; es decir, el comportamiento se orienta por lo que se considera puro o impuro. Lo impuro es lo que no cabe en nuestra manera de ver las cosas. La norma para todos es que nos conduzcamos por el camino de lo puro y evitemos lo impuro, lo sucio. Las personas pueden ser puras o impuras, por ejemplo, los paganos o los samaritanos son vistos como impuros. También son considerados así un cadáver, un enfermo o una mujer en su periodo de menstruación. Las cosas también pueden ser impuras, como aquellas que son tocadas por alguien impuro o cierto tipo de alimentos. Son impuros también algunos lugares, como la casa de un pagano o su ciudad.

El templo es un lugar puro y días como el sábado o los destinados a las fiestas religiosas son considerados sagrados y se deben guardar, sin excepción. En la ley está estipulado todo lo que no se puede hacer en sábado. Existe también toda una serie de reglas bien detalladas para lograr la purificación de la gente o las cosas, por ejemplo, lavarse bien las manos hasta el codo antes de comer o bañarse después de pasar por un lugar impuro. Este sistema complicado no era bien acogido por Jesús, pues él sanaba en sábado, a veces no se lavaba las manos y entraba en casa de gente considerada impura; por eso era muy criticado por los fariseos, los más rigurosos en el cumplimiento de los preceptos.

Para las mujeres —y también para los pobres—, este sistema de pureza traía muchas desventajas. Por su condición propia que menstrúa cada mes o que al dar a luz continúa haciéndolo por muchos días, la mujer era considerada impura y tenía que someterse constantemente a las reglas de purificación. Las personas impuras eran separadas de la comunidad. María, por ejemplo, permaneció impura durante cuarenta días luego de dar a luz a Jesús; para purificarse, al final de este periodo, tuvo que comprar dos tortolitas, que era el animal más barato, y ofrecerlas en sacrificio (Lc 2.21-24). Imagínense la situación de una mujer enferma de flujo crónico de sangre como la de la historia que contaré a continuación.

Generalmente, esta historia se cuenta dentro de otra, y eso me llama la atención. Sucedió cuando Jesús iba de camino a curar a la hija de Jairo, el jefe de una sinagoga, y fue como un paréntesis en el incidente de la niña. Es decir, ocurrió en el camino, como muchas historias no planeadas de mujeres, pero que, por el atrevimiento de ellas, llegaron a buen término para su satisfacción; historias que pueden ser cotidianas y extraordinarias a la vez, solo que algunas se dan a conocer y otras no, pues suceden como pausas de la vida que continúa. Gracias a Jesús, esta historia no quedará en el anonimato.

2. El "robo" de un milagro

La historia empieza narrando el regreso de Jesús en una barca proveniente de una región gentil en la orilla opuesta del lago, en Gerasa o en Gadara, no sé. Venía de sacarle muchos demonios a una persona de aquel lugar (Mc 5.1-20). Cuando llegó, encontró una gran multitud de mujeres y hombres que querían acercársele, seguramente para que los sanara o para escucharlo hablar —pues lo hacía muy bien— de cosas de la vida, nuevas y mejores para todos. No solo lo seguían los más pobres y necesitados sino también algunos de cierta posición, como Jairo, pues veían en él alguien que respondía con eficacia a las necesidades. Yo creo que veían al movimiento de Jesús buscando una alternativa muy concreta. Cuando él hablaba del Reino de Dios, de los pobres como bienaventurados, del pan y la vida abundante que ofrecía, y cuando criticaba la opresión y las cargas del sistema religioso, ciertamente la gente soñaba con un verdadero cambio. El movimiento de Jesús era realmente atractivo para muchos en Palestina, pues dos versiones de la historia (Mc 5.21; Lc 8.40) insisten en que lo seguía bastante gente.

Jairo le había pedido a Jesús que fuera a su casa a sanar a su hija que se hallaba a punto de morir. Cuando Jesús iba con Jairo rumbo a la casa de este y lo seguía tanta gente, que casi lo asfixiaban. Entre esta multitud se encontraba una mujer del pueblo, anónima, pues la historia no menciona su nombre.

Aquella mujer padecía de la enfermedad de flujo crónico de sangre desde hacía doce años, dice la historia. Por tanto, se hallaba muy grave. Las mujeres sabemos que perder sangre es como perder vida, así que ella estaba muriendo lentamente. Pero eso no es lo peor, para aquella cultura se trataba de una persona impura, lo que significaba que debía ser marginada y aislada de la comunidad, pues convertía en impura cada cosa que tocaba. Nadie debía dejarse tocar por ella para no caer en la impureza. Así que, más que de una enfermedad, esta mujer padecía de una dolencia social. Como consecuencia, no debía tener relaciones sexuales, lo que implicaba que tampoco podía tener hijos; así que su enfermedad la llevaba a la esterilidad, otro estigma poderoso contra las mujeres. Yo creo que a ella, como persona, le afectaba más la situación de marginación que la propia molestia física de la enfermedad. Era considerada enferma y pecadora, pues, para este sistema cultural, pecado y enfermedad van juntos. Por eso, cuando Jesús sanaba, generalmente decía delante de todos: "Tus pecados te son perdonados".

Cuenta la historia que esta mujer había hecho grandes esfuerzos para salir de su situación de sufrimiento, pues había visitado a cuanto médico pudo, sin éxito.

Aquí en Filipos, y seguramente también en Palestina, los servicios que ofrecen los médicos profesionales resultan muy costosos, así que los pobres deben acudir a los curanderos o sanadores tradicionales. Dice la historia que ella invirtió el valor de todos sus bienes en los médicos, pero esto no le sirvió de nada, sino que le resultó peor. Posiblemente había sido una viuda con dinero, pero luego quedó en la pobreza a causa de su enfermedad. En nuestra cultura, solo los varones pueden disponer de bienes, nunca una mujer, a menos que sea viuda.

Esta mujer anónima e impura, perdida entre la multitud que apretujaba a Jesús, tenía una fe increíble, pues pensaba que sanaría y cambiaría su vida por completo con solo tocar el manto de Jesús.

Yo, Lidia, creo que la terquedad de esta mujer es digna de ser contada, pues a pesar de haber hecho todo lo posible para curarse —sin resultados— aún seguía luchando y no se conformaba con su situación de marginación. Probablemente se consideraba una persona digna a pesar de que la sociedad la marginaba; quería ser sanada y veía en Jesús una posibilidad, tal vez la mejor, pues había oído hablar acerca de su poder de curar. Pero ella no se lo pidió directamente, como Jairo. Tal vez pensaba que por ser mujer no tenía derecho a hacerlo. Además, sabía que no debía tocar a otra persona por su estado de impureza, o quizá pensaba que no era correcto interrumpirle el camino a Jesús, ya que se dirigía a la casa de un hombre respetable para hacerle un favor. Pero yo creo que ella creía tanto en el poder sanador de Jesús, que bastaría con que él tocase su ropa para sanarla. Muchos taumaturgos en la antigüedad tenían esa fuerza curativa, y como ya había oído hablar mucho de los milagros de Jesús, creería que él también tendría esa capacidad.

Entonces, dice la historia, se acercó por detrás de Jesús, es decir, de una forma clandestina, de entre la gente, y le tocó el manto. Al instante, sintió que estaba curada.

Para la cultura judía, especialmente la que imponían los líderes religiosos, su acción fue un gran atrevimiento. Ella osó tocar a un hombre siendo impura y con eso se atrevió a transgredir la ley sobre la pureza. Pero gracias a esa osadía, finalmente quedó sana e integrada a la sociedad. ¡Qué gran alivio! Volvió a ser considerada una persona digna.

Esta es una gran lección para todas las mujeres. En una sociedad cuya cultura las margina, ellas tienen que atreverse a ir contra las costumbres para cambiar el orden discriminador.

Yo, Lidia, creo que la historia pudo haber terminado allí. La mujer se habría curado sin que nadie se diera cuenta, y Jesús hubiera seguido su camino a la casa del jefe de la sinagoga. Pero la historia muestra otra cosa. El problema es que ella quería arrebatarle a Jesús una curación; a hurtadillas, sin que él se diese cuenta, y eso no era bueno para ella ni para las mujeres marginadas por el sistema de impureza ni para el movimiento de Jesús.

3. Jesús dignifica a la mujer

Creo que era bueno que la multitud supiese que ella fue sanada al tocar a Jesús, y que él no había quedado impuro al ser tocado por una mujer con flujo crónico de sangre. Si salía a la luz la acción de la mujer atrevida, las demás mujeres marginadas se sentirían animadas también a cambiar los patrones que las excluían. Además, las intenciones de Jesús no eran simplemente las de mostrarse como un taumaturgo, pues ya había suficientes chamanes. Él era más que un curandero; quería que el pueblo, especialmente los marginados —y entre ellos las mujeres— construyeran una nueva manera de vivir y de interrelacionarse. Yo creo que si las cosas se hacen solo desde abajo, difícilmente se cambie todo el sistema.

Cuando cuentan la historia se observa la insistencia de Jesús en descubrir a la persona que lo había tocado. Él sintió que una fuerza había salido de sí mismo al mismo tiempo que la mujer quedó sanada. Qué interesante, pareciera como si hubiera una relación clandestina entre Jesús y la mujer, pero solo ella tenía conciencia de eso.

Jesús detuvo su marcha hacia la casa de Jairo y no tuvo intenciones de seguir adelante hasta encontrar a la persona que lo había tocado. Para mí, Lidia, su labor no podía haber terminado con una curación robada en la clandestinidad. Jesús preguntó a la muchedumbre: "¿Quién me ha tocado los vestidos?" (Mc 5.30). Para los discípulos, que siempre aparecen como personas a quienes les cuesta entender a Jesús, la pregunta del Maestro era tonta. Ellos le respondieron: "Estás viendo que la gente te oprime y preguntas '¿quién me ha tocado?'" (Mc 5.31). Jesús no les contestó. Solamente siguió buscando a la persona que se había atrevido a obtener de él una sanación sin su consentimiento.

A la mujer no le quedó otra alternativa que confesar. Salió del anonimato atemorizada y, temblorosa, se postró ante él como lo había hecho el jefe de la sinagoga. Entonces, delante de todos le contó sobre su vida pasada y lo que había sufrido, y sobre cómo había llegado a esa situación. Fíjense, este fue otro paso importante de la mujer: atreverse a contar públicamente sus sufrimientos y estado de marginación.

Ella no sabía qué le iba a ocurrir después de eso; tal vez Jesús se enojara porque le había "robado" la curación o tal vez la devolvería a su estado anterior. Ella sólo confesó su acción, y Jesús no le reprochó nada. Yo, Lidia, creo que a Jesús no le importaba tanto que le "hurtaran" de su fuerza curativa, sino más bien mostrar un camino de vida nueva, pues él no era un curandero que aliviaba temporalmente. Él deseaba que esta mujer, marginada durante tantos años por su enfermedad, fuese dignificada, tuviese palabra propia y fuese un ejemplo para muchas mujeres. Por eso la llamó "hija", una palabra de afecto y del ámbito familiar. Con eso la integró a la sociedad, pero no dentro del marco pureza-impureza, sino de una manera diferente, como miembro de una comunidad que no la menosprecia por su condición de mujer. Por tocar a Jesús sin que este la recriminase por su impureza, sabe que nunca más será impura, aún teniendo su periodo normal de menstruación. Lo más importante fue que luchó, resistió, osó tocar a Jesús y nunca se dio por vencida. Su fe la sanó y con eso la salvó del mal social que la mantenía recluida. Jesús le dijo: "Hija, tu fe te ha salvado; vete en paz y queda curada de tu enfermedad".

CAPÍTULO VI

LA MUJER SIROFENICIA QUE DISCUTIÓ CON JESÚS

(Mc 7.24-30; Mt 15.21-28)

Yo, Lidia, escucho con atención todas las historias sobre mujeres que se relacionaron con Jesús, ya sea que estuvieran en el movimiento o no. Me importa escuchar sobre ellas porque aprendo más de la vida del Maestro, especialmente su atrevimiento y valentía con respecto a las normas culturales que oprimen a las mujeres. Como yo soy una líder del movimiento de Jesús resucitado, saber de su osadía me da valor para hacer lo mismo aquí en las provincias del Imperio romano.

Les contaré una historia que escuché en dos versiones diferentes (Mc 7.24-30; Mt 15.21-28) sobre una mujer sirofenicia. Me interesa esta historia porque gente que vive como yo, en Filipos, o de otros lugares fuera de Palestina, difícilmente habría participado del movimiento de Jesús si su mensaje se hubiera restringido solo a Palestina y a los judíos. Parece que en el principio, Jesús se dedicó a anunciar el reino de Dios solo a los judíos, buscando una renovación profunda en el interior de su pueblo, nada más. La mayoría de las personas de su movimiento en Galilea y Judea, si no todas, eran judías. Así que para Jesús era normal consagrar su vida solo al pueblo de Israel, o como dice la misma historia a "las ovejas perdidas de la casa de Israel" (Mt 15.24). Pero esta mujer —cuyo nombre no conocemos pues la llaman solo mujer sirofenicia o mujer cananea (Mt 15.22)— hizo que Jesús cambiara de mentalidad y abrió las posibilidades para que también otros no judíos se beneficiaran de su poder transformador.

En esta historia, que es diferente a la mayoría, se da la posibilidad de que la justicia de Dios, como dice nuestro compañero Pablo de Tarso, sea revelada a todos los pueblos, no solo a los judíos. Ahora, después de unos quince años de la muerte de Jesús, su movimiento se ha extendido por muchas ciudades del Imperio, fuera de Palestina.

Yo, Lidia, por ejemplo, soy gentil, convertida al judaísmo y al evangelio de Jesucristo, y en mi casa, donde se reúnen los hermanos (Hch 16.40), también hay gente temerosa de Dios (convertida al judaísmo —como yo— o gentil). La corriente conservadora judía de Jerusalén llama helenistas a los judíos de la diáspora, porque viven fuera de Palestina y dicen que no son muy puros pues se han mezclado con gente impura, es decir, con los paganos; además, desde hace tiempo, aquí los judíos ya no hablan arameo, la lengua materna de Jesús. Quien sabe leer las escrituras lo hace en griego (LXX), pues el hebreo —el idioma en el cual están escritas— no lo hablan ni siquiera los judíos de Palestina, solo lo leen en las escrituras los rabinos y algunos varones. Cuando Pablo nos escribe cartas a Filipos y a otras comunidades, lo hace usando el griego popular, y la persona que sabe leer se las aprende y las presenta a la comunidad. Esto tiene que ser así porque el porcentaje de analfabetismo es muy alto. Pablo es un judío de la diáspora que nació en Tarso; por eso domina bien el griego, y tal vez por eso se preocupa para que también los no judíos sean hijos de Dios al igual que los del pueblo de Israel.

Los valores igualitarios y compasivos, muy presentes en el movimiento de Jesús, creo que hicieron posible ver más allá de los beneficios para la propia casa. Por eso contamos también con esta historia en la cual Jesús es desafiado por una mujer gentil que requiere su poder en un momento en que su hija necesita ser sanada. Esta mujer debería ser conocida como la primera mujer apóstol de los gentiles, pues es la primera persona que aboga por ellos.

Además, esta historia me gusta mucho porque habla de una mujer muy atrevida, tal vez la más atrevida que he escuchado de las historias del movimiento de Jesús. Ella rompe con muchas normas de su propia cultura —y de otras— para encontrar lo que busca, conducida por el amor a su hija.

1. Los problemas fronterizos

La historia cuenta que Jesús se fue de Galilea a la región de Tiro (y Sidón). Parece que él estaba en Genesaret, a orillas del lago, y había discutido con los fariseos. Estos le criticaban a él y sus discípulos porque no se lavaban las manos antes de comer (cp. Mc 7.1-22). Lavarse las manos hasta el codo antes de comer es parte del rito de purificación según la cultura judía. Pues ni Jesús ni sus discípulos se lavaban. Dicen que en Galilea la gente no es tan seguidora de la ley como la gente de Jerusalén, lo que puede ser cierto, pero además, yo creo que estos rituales para Jesús eran secundarios. Para él, es más importante ser compasivo con los necesitados y puros de corazón. Él pensaba que los doctores de la ley eran hipócritas, pues se fijaban más en esas cosas y no en la regla mayor que es el amor al prójimo. Después de esa discusión, Jesús decidió irse a Tiro, una región gentil.

Por cierto, la relación entre los sirofenicios y los galileos no es muy buena. Esta región fronteriza de Tiro y Galilea es bastante conflictiva. Tiro es una ciudad rica e importante. Siempre ha sido muy famosa por su comercio marítimo —conocida porque allí existe púrpura de la costosa— y por su metalurgia. Galilea está económicamente en desventaja frente a Tiro que la explota mucho, pues es rural y se aprovecha de sus productos agrícolas. Cuentan que los judíos que viven en esa región no son bien tratados.

Por otro lado, los judíos los ven a ellos con malos ojos porque son mal tratados y también porque son paganos. Así, pues, se trata de dos pueblos y dos culturas, una al lado de otra, que no se quieren entre sí.

A pesar de esa situación, Jesús decidió irse a la región de Tiro. Aunque parece que no llegó hasta la ciudad, sino que se quedó en los alrededores. Una historia cuenta que iba con sus discípulos (Mt 15.23) y otra no especifica nada al respecto, solo dice que se fue (Mc 7.24); en todo caso, no quería que la gente se enterase. Evidentemente, su fama se había extendido por toda Galilea y era muy buscado por las personas en busca de nuevas enseñanzas o de sanidad. Jesús tal vez quería descansar y se fue a una región que no le resultara familiar, quería estar solo y ocultarse en una casa para tener privacidad.

Dice la historia que no logró pasar inadvertido, a pesar de todas las precauciones que tomó. Eso quiere decir que los milagros que había hecho en Galilea se habían dado a conocer hasta en las regiones no judías. Entonces, apareció una mujer que había escuchado de él y que tenía una hija con un espíritu inmundo, es decir, un demonio. Ella entró a donde él estaba y se postró a sus pies. En nuestra cultura, postrarse a los pies representa un gesto de humildad frente a alguien de mayor rango para solicitar un favor.

Así postrada le rogaba que sanara a su hija expulsándole el demonio. La otra versión de la historia (Mateo) dice que ella era cananea, tal vez para remarcar su condición de pagana, y que le gritaba: "¡Ten piedad de mí,

Señor, hijo de David!" (Mt15.22).

2. Jesús se niega a sanar a una niña gentil

A mí, Lidia, lo que más me sorprende en las dos versiones de la historia es que Jesús no haya querido sanar a la hija de la señora sirofenicia; es una actitud que me parece tan extraña en él, una persona misericordiosa y compasiva como ninguna. Seguramente, la historia quiere enseñarnos algo más sobre la mujer.

En la versión de Mateo, Jesús se negó tres veces. La primera vez no respondió; los discípulos, entonces, le pidieron que le concediera lo que pedía y la despidiera para que dejara de molestar, pues venía detrás gritando, y a ellos esto les parecía un espectáculo vergonzoso. Lo que veo es que los discípulos no estaban pidiendo que sanara a la hija por el hecho de que sufriera, sino para que la madre los dejara en paz. A veces pienso que ellos eran muy cerrados, como los describen con frecuencia las historias (Mc 5.30-31; 6.52; 9.33-34; 10.38; Lc 22.45, 49-51; Jn 4.31-33).

La segunda vez, Jesús volvió a responder negativamente. Dijo que no había sido enviado más que a las ovejas perdidas de la casa de Israel (Mt 15.24). Ella insistió y le rogó que la socorriera, ante lo cual Jesús se negó por tercera vez, respondiéndole con un conocido proverbio, prejuicioso contra los no judíos. Le dijo: "No está bien tomar el pan de los hijos y echárselo a los perritos" (Mt 15.26).

Según esta historia, es claro que al principio Jesús

no quería sanar a nadie que no fuera de Israel, pues a esta mujer se lo negó tres veces. Él se comportó como un judío muy conservador y tradicional; hasta repitió el proverbio donde parece que se refiere a los gentiles como perros.

Decirle a alguien perro es un insulto muy grave; para los judíos, los perros son animales de carroña, y por eso son impuros. Yo creo que Jesús lo sabía y posiblemente trató de suavizarlo utilizando el diminutivo perrito, o tal vez mencionó perritos porque se refería a la niña. De todas maneras, no deja de ser insulto.

Qué insólito este gesto de Jesús pues, estoy segura, para él los paganos no son impuros. No sé por qué se portó así con esa mujer si recién él acababa de discutir las cuestiones de pureza e impureza con los fariseos y los había criticado fuertemente (Mc 7.1-23). Por eso digo que la historia tiene que tener un propósito muy importante sobre todo para nosotras, las mujeres.

En otra versión más corta que he escuchado de esta historia, (Mc 7.24-30), Jesús no se negó tres veces ni lo hizo rotundamente; él simplemente retomó el mismo proverbio prejuicioso, pero le agregó una frase que dio a entender que hay espacio para los gentiles en el beneficio de su Reino, aunque después de que los judíos fuesen primero los beneficiados. Se trataba de una cuestión de tiempo: primero los judíos y después los demás. Dijo "Deja que primero se sacien los hijos, pues no está bien tomar el pan de los hijos y echárselo a los perritos" (Mc 7.27).

Lo más interesante del relato fue lo que la mujer

le contestó a Jesús frente al evidente rechazo. De hecho, lo más importante de la historia no me parece que haya sido el milagro, pues al final ocurrió "a distancia", sin darle mucho énfasis. Es el diálogo entre Jesús y esta mujer sin nombre lo que importa. El diálogo y su forma. Así, pues, otra vez tenemos aquí a una mujer que sostiene una interesante conversación con el líder del movimiento galileo.

3. La mujer que le discute a Jesús

¿Quién era esta mujer capaz de sostener un diálogo tan duro con Jesús y lograr lo que quería? La historia cuenta con detalles que se trataba de una mujer de cultura griega y de religión pagana, oriunda de Sirofenicia. Me hace pensar que, al ser de cultura griega, posiblemente no era una mujer pobre, pues los pertenecientes a esa cultura generalmente poseen un estatus social privilegiado; y el hecho de que su hija no dormía en un catre sino en una cama puede ser otro indicio de un rango social más elevado que el del judío Jesús, campesino, artesano de Galilea y no griego; aunque en realidad no se puede afirmar con exactitud. Lo que yo, Lidia, creo que sí se puede afirmar de esta mujer es que era de una cultura diferente a la de Jesús, una mujer sola que, por ende, carecía de apoyo familiar y que tenía una hija en una sociedad en la que las hijas son menos apreciadas que los hijos. También era una mujer muy terca y luchadora.

Ella tenía una hija enferma a quien amaba demasiado y por quien estaba dispuesta a hacer lo que fuera para que sanara. Había oído de alguien con el poder de hacerlo y cuando supo que andaba por donde ella vivía, llegó hasta él y lo interrumpió de manera atrevida; Jesús quería pasar inadvertido y estar solo, pero ella llegó, lo molestó y lo importunó con su petición. Y es que cuando los asuntos son de vida o muerte, las mujeres tenemos que hacer hasta lo imposible por cambiar las cosas. La historia es clara cuando muestra que ella fue rechazada por Jesús y también por los discípulos. Pero siguió insistiendo y justamente su terquedad fue la que la salvó. Ella pudo haberse regresado cuando Jesús no le hizo caso o cuando le dijo que no. Pero no se rindió y logró atraer la atención de Jesús y, gracias a su insistencia, obtuvo su ayuda. Parece que tenía la plena confianza de que si lograba arrancar una palabra de sanidad de Jesús, su hija sería separada del demonio. A esta mujer, una señora tal vez de una clase social muy importante, no le importó echarse a los pies de Jesús y suplicarle. Tampoco le importó que la rechazara una, dos y tres veces. Ella insistió, sabía quizás que esa era su última esperanza para que su hija sanara. Luchó y desafió todas las normas. Por ejemplo, le habló a un varón judío en la calle, le insistió a pesar de que le había dicho que no. No le importó que Jesús fuese pobre, de una cultura inferior a la de ella y, además, se tuvo que tragar su orgullo cuando Jesús la llamó "perrita". Se mantuvo firme y por eso venció la primera posición de Jesús de servir solo a los de la casa de Israel. Yo creo que la fe de esta mujer (Mateo) y la manera como manejó el diálogo (Marcos) hicieron que Jesús cambiara de postura y extendiera su mirada compasiva y de sanidad a los demás pueblos no judíos.

Cuenta la historia que cuando Jesús le dio a entender que esperara, pues primero debían saciarse los hijos (porque no estaba bien tomar el pan de los hijos y echárselo a los perritos), ella le respondió utilizando el mismo proverbio, pero cambiándole el sentido: "Sí Señor, pero también los perrillos debajo de la mesa comen de las migajas de los niños" (Mc 7.28). Esta respuesta inteligente sorprendió a Jesús. Para esta mujer, su hija estaba enferma y necesitaba ahora del poder de Jesús para sanarla. Después podía ser demasiado tarde.

La primera vez que escuché la historia, sentí lástima de esta mujer y de muchas que tuvieron que arrastrarse para lograr lo que querían. Pero después pensé que esta era una estrategia que utilizan muchas cuando no tienen el poder suficiente para alcanzar lo que buscan. La sirofenicia tiene la fe de que hay comida para todos y lucha por ello. Cambia los tiempos, no quiere esperar a que primero sean beneficiados unos y después los otros. Piensa que todos deben ser partícipes al mismo tiempo —las personas y los pueblos— de la misericordia de Dios.

4. Jesús aprende de la sirofenicia

Jesús quedó sorprendido de la respuesta de la mujer, de su fe en que él podía sanar a su hija y, ahora, de su convicción de que los demás pueblos también tienen derecho a participar del reinado de Dios que él anunciaba. La inteligencia de la mujer, su habilidad en el diálogo y su propuesta de sanidad para todos lograron que Jesús cambiara de actitud y le concediera la sanidad a su hija.

"Por lo que tú has dicho —le dice— vete, el demonio ha salido de tu hija". Así que cuando llegó a su casa, su hija había sido liberada del demonio; la encontró sana, acostada en su cama.

Con esto, yo veo que las palabras de las mujeres también tienen poder, pues Jesús le dice "por lo que tú has dicho". También la fe de las mujeres puede lograr que las cosas cambien, aunque existan muchos obstáculos. Según la otra versión de la historia, Jesús dice: "Mujer, grande es tu fe; que te suceda como deseas". Por esta historia es que creo que las mujeres debemos ser atrevidas y desafiantes cuando somos conscientes de que lo que buscamos es justo y para el bien de muchos. Y debemos insistir, no importa frente a quienes, pues la terquedad, cuando se está en lo correcto, puede hacer cambiar reglas, conductas, costumbres y actitudes que marginan. Yo creo que esta es una de las enseñanzas más profundas que podemos sacar de las historias de otras mujeres que de alguna manera se encontraron con Jesús y su movimiento.

La actitud de Jesús debe ser tomada muy en cuenta. Él, siendo varón, no se empecinó en su postura de marginar a las mujeres diferentes; como varón y judío, se atrevió a escuchar las palabras de una mujer de otra religión y otra cultura; siendo varón, judío y campesino, no se aprovechó de la situación de humillación de la mujer culta que estaba a sus pies para aplastarla y vengarse de quienes le hacen el mal a su pueblo como la clase económica poderosa de Tiro y Sidón. Jesús la rechazó y la insultó primero, pero tuvo el valor de reconocer su posición equivocada y cambiar frente a las necesidades de los gentiles. Podríamos decir que esta mujer es pionera en abrir el espacio para que todos los pueblos de la tierra se beneficien de la misericordia de Dios. Ojalá que los líderes de nuestras comunidades sean como Jesús, que no le avergüenza cambiar de posición cuando la necesidad del prójimo lo amerita. A esto es a lo que el apóstol Pablo llama "orientarse por la gracia y no por la ley o la tradición", que muchas veces hace inhumanas a las personas.

Otro aspecto para destacar es que Jesús escuchó a la mujer y curó a su hija por los argumentos que ella planteó. Pero no le exigió que lo siguiera ni que perteneciera a su movimiento, sino que le dio la libertad de elegir.

En ese sentido, respetó sus creencias. La mujer regresó a su casa, a su cultura, y Jesús salió de la región de Tiro y volvió a Galilea. Yo veo, pues, que de todas las historias aprendemos mucho, tanto de las mujeres como de Jesús.

CAPÍTULO VII

LA MUJER QUE CASI ENTIERRA A SU ÚNICO HIJO SI NO FUERA POR JESÚS

(Lc 7.11-15)

Yo, Lidia, les voy a contar una historia muy conmovedora. Siempre que la recuerdo se me hincha el pecho al ver la ternura de Jesús y su compasión por una viuda pobre, y, a la vez, al constatar su gran autoridad y poder sobre la muerte. Se me llenan los ojos de lágrimas, al pensar en la triste situación de una mujer viuda que casi entierra a su hijo (¡el único!) si no fuera por Jesús.

1. El pueblo de Naín

Esta es una historia poco conocida que ocurre en un pueblo llamado Naín, a escasos kilómetros de Nazaret, la aldea donde Jesús creció. ¿Será que Jesús conoció ese pueblo cuando era un niño? Tal vez en algún momento viajó con su papá José para hacer algunas diligencias. Para mí es muy probable que Jesús hubiera estado antes en Naín.

El pueblo, al que a veces le dicen ciudad, está ubicado al suroeste de Nazaret, cerca de Sunám, el lugar donde el profeta Eliseo había resucitado al muchacho de una sunamita (2R 4:18-36). Está al sur del monte Tabor, justo en el camino que viene del lago de Genezaret hacia el valle Jesreel. El significado del nombre en hebreo es "amable", y vaya que Jesús fue tan amable con la viuda cuando se encontró con ella en el camino. Pues en esa ciudad había una viuda que tenía un único hijo. Parece que era muy querida porque cuando murió el hijo, muchas personas la acompañaban en el cortejo fúnebre.

2. El encuentro de dos cortejos: uno fúnebre y otro de vida y esperanza

Resulta que Jesús venía de Capernaúm, un pueblo grande que estaba a cuarenta kilómetros de Naín. Allí acababa de sanar a un esclavo muy querido por su amo, un oficial del ejército del Imperio romano, con rango de centurión. El esclavo estaba a punto de morir, y el oficial se atrevió a pedirle a Jesús que le sanara dando una orden desde donde estaba. Le dijo que no necesitaba llegar hasta donde yacía el moribundo. Esto es porque tal vez respetaba la cultura de Jesús, pues sabía que para los judíos entrar a la casa de un gentil significaba contaminarse debido sus estrictas normas de purezaimpureza. Para Jesús fue increíble que este militar romano tuviera la fe de que podía sanar a su esclavo simplemente dando una orden a distancia.

Pues bien, Jesús y su movimiento habían cuarenta kilómetros. Me imagino que venían felices, celebrando la sanidad del esclavo del centurión. El Maestro venía con sus discípulos, pero muchísima gente los acompañaba también. Recordemos que era un movimiento que crecía, y no solo lo conformaban Jesús y sus doce discípulos seguidores. Había muchos más, entre ellos había muchas mujeres discípulas (Mr 15.40-41; Mt 27.55-56; Lc 8.3). Pero cuando estaban a punto de llegar a las puertas del muro del pueblo de Naín, la atmósfera cambió. Varios hombres llevaban a enterrar a un muchacho, cargado en un féretro. Se percataron de que era un cortejo fúnebre porque todos caminaban tristes y, además de su mamá, iba mucha gente solidaria con su dolor. Ella iba llorando, y también sus vecinas y vecinos iban con los ojos llorosos.

Y es que la tragedia era mucha. No solo se trataba de la muerte de un ser querido, sino del único hijo de una viuda. Como ustedes saben, el hijo representaba su seguridad económica y de respeto, ya que ella no tenía esposo, así que se quedaba sola en el mundo, sin protección alguna. Para las viudas, el hijo varón es quien vela por ellas de por vida, esa es su obligación de acuerdo con nuestra cultura mediterránea. Como quien dice, era su seguridad social más firme. De modo que no solo perdía un ser querido, sino que quedaba totalmente desamparada; era verdaderamente una tragedia. Por otro lado, se dice que emocionalmente las madres son más apegadas a sus hijos varones. Existe un lazo emocional íntimo entre madre e hijo. Ella llora desconsoladamente y el cortejo fúnebre la entiende perfectamente.

3. El encuentro de la madre con el líder del movimiento

Allí, en la entrada del pueblo, Jesús centró su mirada en la viuda. La vio llorar desconsolada. Pienso que casi se pone a llorar también, como frente al sepulcro de su gran amigo Lázaro. Y es que cuenta la historia que Jesús se conmovió desde las entrañas. Entonces le dijo: "no llores". O sea, "deja de llorar". No puedo imaginar cuál fue el sentimiento de la mujer al recibir tal consuelo de Jesús, seguramente había escuchado hablar de él. Experimentar cómo el líder del movimiento paraba la marcha de su gente y se fijaba en ella, una viuda insignificante, ya era un alivio incomparable, un bálsamo al alma, un suspiro en medio de la tragedia.

Yo, Lidia, me pongo a pensar, ¿cuál sería mi reacción si alguna vez Jesús, el resucitado, me dijera: "¡Lidia, no llores!"? Seguramente sería como si me abrazara tiernamente, y me diera un pedacito de tela para limpiar mis lágrimas. Tal vez me olvidaría de todos mis problemas por un momento. Porque, aunque no lo crean, yo también a veces lloro y me siento incapaz de seguir adelante. Llevo una vida muy atareada, estoy al frente tanto de la comunidad de Filipos como de mi empresa de púrpura y, además, sufro discriminaciones y hasta persecuciones por ser seguidora del movimiento del resucitado. Por eso a veces, cuando estoy en situaciones en las cuales creo que no hay salida, lloro a escondidas. Pero claro, no me puedo comparar con la tragedia de esta mujer viuda, que perdió a su hijo, única garantía de ser respetada y sobrevivir económicamente.

Por supuesto que no es suficiente que Jesús le diga a la mujer "no llores", porque está ante la realidad de su único hijo muerto, a escasos pasos de ella. Por eso la historia no termina aquí. Jesús se acerca al féretro y lo toca. Y cuenta la historia que el cortejo fúnebre se detuvo. Con un gesto, Jesús detiene la marcha que lleva a la sepultura. Yo creo que parar el cortejo que lleva a un muerto es el primer paso de una esperanza que nace con las palabras cariñosas de Jesús cuando le dice a la viuda: "no llores". Inmediatamente, los hombres que llevaban el cuerpo del hijo muerto deja de caminar. Jesús se dirige al muchacho y le dice con autoridad: "Joven, a ti te digo, levántate". En este contexto, "levántate" significa "vuelve a la vida". Esas palabras dirigidas al muchacho van muy bien también para la viuda pues, en verdad, la gran preocupación de Jesús es ella. Yo creo que ella es quien vuelve a la vida al recibir al hijo vivo gracias a Jesús.

4. Nace una nueva vida

Cuando Jesús le dijo al joven que volviera a la vida, el muchacho se incorporó y comenzó a hablar. Estos dos actos dan fe de que resucitó de la muerte. Ahora está vivo. La razón del llanto de la mamá desaparece. Dice la historia que Jesús se lo entregó a la madre. La muerte se lo había arrebatado, pero Jesús se lo arrebató a la muerte y se lo devolvió a su mamá. ¡Cómo sería la alegría de la madre al recibir al hijo con vida! Es como si ella misma hubiera vuelto a la vida, pues no solo se había quedaba totalmente sola, sino que ya se veía en la miseria absoluta, dependiendo de la caridad de la gente.

Yo, Lidia, me imagino que una nueva relación se tuvo que entablar entre madre e hijo. El hijo, un sobreviviente, la madre, otra sobreviviente. Ahora ambos recobraban la vida; los lazos de parentesco tuvieron que reforzarse. Si antes todo se daba por sentado como algo dado (la relación normal de madre-hijo en el sentido de que ella se sentía segura por su hijo vivo, y él, como cualquier joven, se sentía responsable ante su madre), ahora era diferente. Antes, ambos pudieron haber presentido la tragedia a las puertas de su casa. El joven, cuando agonizaba, seguramente preocupado, pensando en lo que le podía pasar a su madre en su ausencia; y la madre, previendo lo que le esperaba con la partida de su hijo. Ahora, con una nueva oportunidad de recomenzar la vida, seguramente se amarían y cuidarían más mutuamente. No sabemos. Lo mismo podríamos decir si antes de la desgracia hubieran tenido serios conflictos familiares. Ahora, sin embargo, Dios, les había regalado, a través de Jesús, una nueva oportunidad de convivir mejor; porque la vida para ambos había renacido.

La reacción de la gente que acompañaba el cortejo fúnebre fue inmediata, nadie se lo esperaba, por eso se sobrecogieron ante el milagro de la resurrección del joven. No sabían cómo reaccionar ante el hecho inesperado y tuvieron miedo, pero inmediatamente comenzaron a alabar a Dios y a exclamar: "Hay un gran profeta entre nosotros". Dios se ocupó de su pueblo. Ellos sintieron que Dios se había hecho presente, les había visitado y ayudado a través de Jesús, el campesino de Galilea. La historia habla de un gran profeta, porque deliberadamente quiere relacionar esta historia con los milagros de los profetas Elías y Eliseo, los cuales son muy recordados entre los judíos.

Yo, Lidia, les cuento esta historia que me contó Pablo, porque es muy conocida en toda la región de la provincia Siria-Palestina. Y no es para menos, se trata de un milagro de resurrección. Yo sé de tres milagros del movimiento de Jesús tanto en Galilea como en Judea. Jesús resucitó a una niña de doce años, hija de una persona importante, dirigente de la sinagoga (Mr 5.22; Mt 9.18; Lc 8.41), resucitó a este joven, hijo de una viuda pobre, y el apóstol Pedro resucitó a Tabita o Dorcas, una discípula del movimiento del resucitado (Hch 9.40). Qué importante es considerar que Jesús no hace acepción de personas. Su compasión es por todos los que sufren por igual: una niña de posición acomodada, un joven pobre y una discípula costurera. Así debe ser también entre nosotros y nosotras.

Que no se nos olvide esta historia. Que cada vez

que nos sintamos agobiadas, agobiados, resuenen en nuestros oídos las palabras de Jesús: "¡No llores! ¡Levántate!".

CAPÍTULO VIII

LA MUJER QUE, GRACIAS A JESÚS, AL FIN PUDO VER EL HORIZONTE

(Lc 13.10-17)

La historia que yo, Lidia, les voy a contar es una de esas que me hace pensar. Se trata de una mujer que estuvo jorobada por muchos años y de pronto, por un milagro de Jesús, pudo ponerse derecha y ver hacia adelante, ver el horizonte. Yo me pongo en sus sandalias y me imagino el asombroso cambio que se generó en su vida. Prácticamente, de no ver más que la tierra y sus pies por donde caminaba, pasó a ver hacia delante y hacia arriba: los rostros de las personas, sus miradas, los árboles y las aves. Incluso podría distinguir a lo lejos siluetas y acontecimientos por venir. Aún más, algo que seguramente añoraba: ahora podía alabar a Dios con manos levantadas y la vista hacia lo alto. Y es que las personas no tenemos alma de gallinas que se lo pasan picoteando el piso, contentas, en un corral. Estas poco se elevan y cuando miran hacia arriba es para beber agua. Dios nos dio almas de águila, un ave con la capacidad de extender sus alas y volar a grandes alturas en libertad y desde allá abarcar todo con una mirada. Esa es la cualidad de los seres humanos que no se comportan ni conforman con vivir en un corral como las gallinas. Por eso mi colega Pablo dice que hemos sido salvos por gracia y no por la ley. Ser salvo por gracia implica también caminar con gracia, con garbo; no con orgullo, sino con sencillez, pero con dignidad, pues no solo nuestra alma es redimida, sino nuestros cuerpos mortales (Ro 8.11).

Pero, como ustedes saben, siempre hay personas muy tradicionales que viven apegadas a las normas, a la ley. No sé; les da miedo sentirse libres y prefieren andar por lo conocido. Pablo me decía que era como si fueran esclavos de la ley. Y, por lo que yo observo en esta historia, Pablo lo aprendió del mismo Jesús, porque él no era ningún esclavo de las normas. Para Jesús, las personas eran más importantes que la ley. Por supuesto que no estaba en contra de la ley pero, para él, esta debía estar al servicio de la vida de las personas. La historia que les voy a contar nos deja muchas enseñanzas al respecto, ya lo verán.

1. Una mujer que caminaba encorvada

Había una mujer en un pueblo (no sabemos cuál, la historia no lo dice) que iba a la sinagoga del lugar. Ella estaba encorvada. Como tenía soldadas las vértebras dorsales, no podía enderezarse o levantar la cabeza hacia arriba. Estaba deformada desde debajo de la columna vertebral y le costaba mucho ver hacia el frente. Parecía que tenía la nuca atada a la parte inferior de la columna. Desde hacía dieciocho años que un espíritu de enfermedad la tenía así, ¡imagínense! Para la cultura judía, la posición vertical de la persona, además de la palabra, el discernimiento y el prever las cosas, distinguía a los seres humanos de los animales. La mujer, pues, estaba al nivel de los animales porque no podía caminar derecha en posición vertical. Esta era una humillación que la marginaba socialmente, como la lepra o el flujo crónico de sangre.

Las reglas de pureza no le permitían participar de la liturgia como las demás personas a causa de su defecto físico. De manera que, posiblemente, estaría ubicada en algún rincón de la sinagoga, apartada, no solo por ser mujer sino por tener esa discapacidad. Qué bueno que, con los valores del movimiento de Jesús, el resucitado, ya todos participamos al mismo nivel en nuestras congregaciones. Tanto esclavos, mujeres, hombres, esposos, amos y niños participamos por igual y nos llamamos hermanos entre sí.

Ya nos hemos de imaginar lo que sufría esta mujer. Seguramente la discriminaban, la veían como rara. No tendría muchas amigas y seguramente los niños se burlaban de ella. Digo esto porque es lo que suele suceder con las personas con discapacidad. Aquí en nuestra cultura mediterránea son muy mal vistas, y allá, en la cultura judía, se creen que son impuros y pecadores. Pero no debería ser así. Delante de Dios, todos y todas somos iguales; hermanos y hermanas hijas de un mismo Padre (Ga 3.28).

2. La mujer con discapacidad a la que no le dio vergüenza exponerse a la mirada de todos

Jesús se dirigía hacia Jerusalén, donde, como nos enteramos después, iba a ser entregado a los oficiales romanos. En el viaje hacia aquella ciudad, Jesús se preocupó por enseñarle a la gente. Había hecho muchos milagros, curaciones, exorcismos, y hasta había resucitado a algunas personas. Ahora le preocupaba que la aprendieran a ver la vida de distinta manera y cambiaran su forma de ser de acuerdo con los valores del Reinado de Dios, que él predicaba. En una de esas ocasiones, durante el viaje, se quedó en un pueblo y fue a la sinagoga donde se puso a enseñar después de las oraciones y la lectura de la ley y los profetas, o sea, según la liturgia que acostumbran los judíos. Ese sábado, ella fue a la sinagoga y se ubicó lejos, en un rincón, quizás para evitar que la vieran, quizás porque así lo exigía la ley en su cultura religiosa. Pero Jesús, quien estaba enseñando, la vio. No pasó inadvertida para él. Tal vez las otras personas la ignoraban o viraban los ojos para no verla, pero Jesús no. Al verla interrumpió su mensaje y se quedó mirándola como tratando de comprender quién era ella y qué le pasaba. Entonces, para sorpresa de todos, la llamó como si la conociera, ella sintió como si la hubiera llamado por su nombre porque, haciendo un esfuerzo, tuvo que levantar la vista para responder a Jesús. Yo pienso que Jesús le hizo un gesto con la mano que significa "ven". Ella escuchó y respondió caminando hacia él. Me imagino que lo hizo con cierta dificultad, dirigiéndose hacia donde estaba Jesús, mirando sus pies en movimiento, guiándose por su voz. No le dio vergüenza que todos los ojos se fijaran en ella y llegó hasta adelante, donde estaba parado, enseñando.

3. La mujer que finalmente pudo ver el horizonte, gracias al milagro Jesús

La encorvada se detuvo enfrente de él. No podía verle a los ojos porque se le dificultaba mucho levantar la cabeza. Jesús se dio cuenta, entonces le dijo en voz alta para que todos oyeran: "¡Mujer, quedas libre de tu enfermedad!". Ella quedó atónita y todo el público estaba a la expectativa. La historia dice que Jesús puso sus manos sobre ella, e inmediatamente se puso derecha. Lo dijo con su palabra poderosa, llena de autoridad, y acto seguido hizo el gesto de tocarla con sus manos. Me imagino que le tocó la joroba, que a tanta gente repugnaba, y su cabeza. Imagínense, dieciocho años caminando encorvada y, de pronto, al instante, se enderezó. No necesitó de terapias ni esperar a que su cuerpo se acostumbrara. Se puso derecha en un abrir y cerrar de ojos, gracias a la intervención poderosa de Jesús.

Me emociona tanto contar este milagro de Jesús, que no solo la sana, sino que cambia toda su vida. Por primera vez, erguida, pudo ver de frente, primero al famoso Jesús de quien todo el mundo hablaba y, después, cara a cara a las personas que estaban en la sinagoga. Podía, asimismo, ver el horizonte a través de las ventanas del recinto. Dice la historia que ella estaba tan contenta que lo primero que hizo fue alabar a Dios y agradecer su manifestación sanadora y liberadora a través de Jesús. Su vida había cambiado totalmente, pues ahora era aceptada socialmente. Déjenme decirles que yo también me alegro mucho y casi puedo sentir lo que esa mujer sentía al momento de su liberación.

4. La reacción contraria del dirigente de la sinagoga

El responsable de la sinagoga, en lugar de alegrarse por el milagro de Jesús, se disgustó mucho. No se fijó en el cambio que había experimentado la mujer, solo se fijó en que era sábado un día en el que no debía trabajarse. Consideró que Jesús, al curar a la encorvada, había trabajado. Estaba furioso, era un conservador muy apegado a la ley y para él, Jesús la estaba transgrediendo. No tenía la mínima disposición de meditar, considerar ni repensar lo que Jesús había hecho con esa mujer. Yo me pregunto: ¿A quién perjudicaba la sanidad de esa mujer? A nadie. Al contrario, su liberación era la manifestación divina de la presencia bondadosa de Dios, quien se apiada de las personas que sufren. Dios fue quien dio el mandamiento del reposo en sábado y no solo para que se le adorara, sino para que los animales y los trabajadores no fueran sobreexplotados y pudieran descansar. Esta mujer, dice la historia, estaba oprimida por Satanás hacía dieciocho años. Lo que hace Jesús es liberarla de esa opresión. Dios, quien puso la ley del sábado, en Jesús obró el milagro. Por eso lo primero que ella hizo fue alabar a Dios.

El dirigente, enojado, empezó a sermonearlos acerca del por qué venían en sábado para ser curados, de que la semana tenía seis días para trabajar, de que debían respetar el sábado que es día de descanso y alabanza a Dios, de que vinieran los días que se pudiera trabajar, etc. Curiosamente, no se dirigió a Jesús sino a los presentes, como si ellos tuvieran la culpa de que hubiera tanta necesidad entre ellos y que a Jesús se le diera la gana de curar todos los días, sin excepción. La gente no dijo nada, a algunos se les veía la cara de alegría, otros se habían quedad callados y otros afirmaban con su cabeza como diciendo: "Sí, tienes razón, hay que seguir la ley al pie de la letra, como Dios manda".

Pero Jesús, que es Señor del sábado, le respondió la indirecta y dijo: "¡Qué hipócritas son! Se preocupan para que sus animales tomen agua, y todos los días de la semana, incluyendo el sábado, liberan a los animales de donde están amarrados, los llevan hasta donde está el agua para que tomen y no mueran de sed. Pero se enojan si yo desato de su enfermedad en sábado a una persona, un ser humano, una paisana de ustedes, hija de Abraham. Está bien que en sábado los animales sean liberados para que tomen agua, pero también está bien que esta mujer sea liberada en sábado de su enfermedad.

Este fue un gran argumento de Jesús, la forma como relacionó la atadura y liberación de animales y de la mujer fue muy sabia, y por eso dejó sin argumentos a sus detractores. El dirigente de la sinagoga y todos los que lo apoyaban se avergonzaron, pero la mayoría se alegró mucho al ver estas cosas maravillosas que Jesús hacía, y sobre todo por la vecina que antes caminaba avergonzada por las calles con la mirada puesta en los movimientos de sus pies. Ahora lo hacía erguida y su vista y su alma podían volar como las águilas en el horizonte.

Yo, Lidia, creo que con la liberación de esta mujer Dios se alegró y se hizo presente en ese día de reposo. Porque más que las normas y los reglamentos, está por encima la vida de las personas. Las reglas deben estar empapadas de la gracia de Dios, pues han sido hechas para que podamos vivir bien. Para Jesús, el sábado era el espacio donde se manifestaba la gracia bondadosa de Dios. Ese sábado se expresó en la curación de una mujer encorvada.

PARTE III

MUJERES DISCÍPULAS Y MAESTRAS

Yo, Lidia, sé perfectamente que cuando escucho las historias que hablan de los discípulos de Jesús y sus seguidores, las mujeres estaban muy presentes. Nuestro lenguaje es muy masculino, por eso generalmente no las mencionan, pero sabemos que nuestra cultura patriarcal supone la participación de las mujeres en todas las historias o acontecimientos. Prueba de esto es que quienes cuentan los relatos de la muerte, sepultura y resurrección de Jesús, se ven obligados a mencionarlas porque allí solo había mujeres. Y es donde tienen que aclarar que esas mujeres lo seguían y servían cuando estaban en Galilea; por ejemplo, cuando tomaron preso a Jesús y los discípulos, hombres y mujeres, huyeron a un escondite en Jerusalén. Esto lo mencioné cuando empecé a contar las historias. Luego, cuando lo crucificaron y sepultaron, sólo las mujeres aparecieron y observaron desde lejos los acontecimientos. Una de las historias dice: "Había también unas mujeres mirando desde lejos, entre ellas, María Magdalena, María, la madre de Santiago y de Joset, y Salomé, que le seguían y le servían cuando estaba en Galilea, y otras muchas que habían subido con él a Jerusalén" (Mc 15.40-41). Como ven, es hasta el final del ministerio de Jesús que las historias cuentan que había mujeres en el movimiento. Solo sé de una historia (Lc 8.1-3) que señala, mucho antes de la pasión de nuestro Señor Jesucristo, que las mujeres lo acompañaban. En esta misma historia, ya en el sepulcro vacío, cuando las mujeres estaban asustadas porque no hallaron el cuerpo de Jesús, dos ángeles las confortaron y les dijeron "Recordad cómo os habló cuando estaba en Galilea" (Lc 24.6). Eso da a entender que en el movimiento de Jesús, el resucitado, siempre ha habido mujeres discípulas, apóstoles y misioneras, pero como el lenguaje las oculta, a veces la gente piensa que al principio el movimiento estaba compuesto solo por hombres.

Para terminar, les voy a contar algo de lo que sabemos aquí en la comunidad de Filipos sobre las mujeres discípulas y maestras en el movimiento de Jesús en Galilea y Judea.

CAPÍTULO IX

MARÍA MAGDALENA, APÓSTOL Y AMIGA DE JESÚS

1. María Magdalena, la discípula más mencionada

Todas aquí hablamos mucho de María Magdalena, la discípula más importante del movimiento de Jesús. A la par de Pedro, o tal vez más que él, ella fue quien puso nuevamente en marcha el movimiento, que parecía haber fracasado con la muerte del líder. El amor de Jesús por ella era muy especial, hasta causaba celos en los discípulos. Una de sus características más importantes, que la coloca en primer plano, es que fue testigo de la resurrección de Jesús. En todas las historias aparece en primera fila (Mc 16.1-11; Mt

28.1; Lc24.10; Jn 20.11-18) pues Jesús se le apareció primero a ella antes que a cualquier otro discípulo. Yo sé que no es bueno ni propio de nuestro movimiento fomentar rivalidades por primeros puestos, como sí es común en la cultura grecorromana —y Jesús estaba contra esto (Mc 10.35-45)—, pero como veo que María Magdalena, después de la muerte de Jesús, fue marginada por ser mujer, tengo que recordarles su posición. Como les dije antes, hasta a Pablo, mi maestro, se le olvidó incluirla en su lista de apariciones del Señor (1Co 15.5-8).

Ella era de Magdala, una región a la orilla del lago de Galilea, de mucho movimiento comercial, pues la industria pesquera es muy importante. Ojalá yo pueda ir un día a conocer ese lugar para recordar a María Magdalena. Ella posiblemente dejó su lugar de origen cuando se unió al movimiento de Jesús, y para identificarla se le llamó "Magdalena", es decir, de Magdala.

Cuentan que ella había sido sanada por Jesús antes de pertenecer al movimiento; que le había extraído siete demonios (Mc 16.9; Lc 8.2). El número siete para la cultura judía significa plenitud, es decir que ella realmente había estado muy fuera de sí. A causa de los demonios, había perdido su dignidad y sentido de pertenencia, por tanto, necesitaba "retornar a sí misma". Conociendo las historias de los endemoniados que curó Jesús, seguramente su vida era muy triste, su cuerpo estaba muy golpeado y, muy probablemente, era marginada en extremo por la gente de su alrededor. La experiencia de ser sanada por Jesús debió haber sido tan importante en su vida que decidió seguirlo y andar de itinerante por todos los pueblos y aldeas donde circulaba el movimiento. Me imagino que cuando andaba con Jesús y veía la vida que llevaban otros endemoniados en contraste con el cambio que alcanzó después de ser sanada, recordaba su propia historia. Tal vez eso hacía más sólida su voluntad de seguir a Jesús, pues entendía verdaderamente lo que significaba el Reino de Dios para la vida de las personas. Yo creo que no era lo mismo que experimentaban los otros discípulos, que solo veían las curaciones pero no las habían vivido en carne propia.

Existe una historia de otra mujer que en la ciudad era conocida como pecadora (Lc 7.36-50). Se trata de aquella que besó los pies de Jesús, los lavó con sus lágrimas, los secó con su cabello y les untó perfume. La gente piensa que esta mujer era María Magdalena, pero no es así. Esta es otra mujer que también amó mucho a Jesús porque la acogió a pesar de su mala reputación como pecadora. No veo nada de malo en que confundan a María Magdalena con una prostituta —lo que muchos creen que era aquella mujer perdonada—, pues solo mostraría que Jesús no hacía acepción de personas y no tenía reparos en recibir en su movimiento a este tipo de mujeres. El problema grave que yo, Lidia, veo es que con esta confusión se olvida lo más importante de María Magdalena: su apostolado, que para muchos de nosotros está al mismo nivel del de Pedro y de Pablo. Si pasamos esto por alto, las mujeres corremos el peligro de ser marginadas porque se dirá que el apostolado es y era solo de hombres. Entonces, María Magdalena quedaría en el recuerdo solo como la pecadora arrepentida y perdonada. Pero las historias sobre la resurrección no pueden ser silenciadas, pues aparecen varias veces en las escrituras.

2. El coraje de María Magdalena

María Magdalena era una mujer muy valiente y líder de otras de las que casi siempre estaba rodeada. Cuando crucificaron a Jesús, ella y otras mujeres se atrevieron a salir del escondite (Jn 20.19) donde se encontraban junto a los demás discípulos y fueron a ver qué hacían con Jesús. Ellas tomaron un gran riesgo, pues quienes vivimos en las provincias sometidas al Imperio romano o en sus colonias sabemos el peligro tan grande que corren los familiares y amigos de un crucificado, no los dejan acercarse ni les permiten hacer duelo o llorar. A veces, si alguien se atreve a llorar, lo crucifican también. Los crucificados deben estar expuestos a la vista para que sirvan como escarmiento. Sus cuerpos no son sepultados, sino que se espera que los animales se los coman como parte de la vergüenza que deben pasar como condenados. Por eso son vigilados para que los amigos y familiares no se los roben para darles una sepultura digna. No respetan ni a mujeres ni a niños. En nuestro tiempo se presentan muchos abusos con la crucifixión.

Entonces, María Magdalena, sabiendo todo eso, se atrevió a ir a ver, junto con otras mujeres, lo que hacían con Jesús. Así, vieron todo de lejos: cómo lo crucificaron y dónde lo sepultaron. A Jesús le dieron sepultura gracias a un hombre importante llamado José, de la ciudad de Arimatea, que pidió permiso a Pilatos, el procurador romano de ese tiempo (Mc 15.42-47; Lc 23.50-56; Jn 19.38-42). La historia la cuentan de distintas maneras pero todas coinciden en que María Magdalena y otras mujeres, después de que pasó el sábado, se fueron muy temprano al sepulcro donde habían visto que pusieron a Jesús, pues querían hacer el rito de honor que se acostumbra con los muertos, rociando perfume en su cuerpo.

Estas mujeres sabían que debían tomar muchas precauciones para ir al sepulcro, y me imagino lo aterradas que estaban ante el riesgo político que significaba visitar la tumba de un crucificado. Pero María Magdalena, que era una mujer muy decidida, se animó a ir acompañada de otras mujeres. Les dije que las versiones de la historia varían los nombres de las protagonistas, entre las que están, primero, María Magdalena, y después, María la de Santiago, María la de Joset, y Salomé.

Ni ellas ni los demás discípulos sabían que Jesús había resucitado, así que iban dispuestas a honrar el cuerpo de su líder muerto. Por el camino conversaron sobre las dificultades: "¿Quién nos moverá la piedra?", se preguntaron. Según tengo entendido, esas tumbas son cubiertas con una piedra demasiado pesada, y se requiere de una palanca para moverla. Pero cuando ellas llegaron, la piedra ya había sido removida y no encontraron el cuerpo. Me imagino que esto las asustó aún más, pero experimentaron la manifestación de Dios a través de un ángel mensajero (Mc 16.5; Mt 28.2) o de dos, como dicen otros (Lc 24.4). Además de Moisés, los patriarcas y profetas, solo pocas mujeres han experimentado esta epifanía (manifestación de Dios), entre ellas Agar, la esclava egipcia y María, la madre de Jesús, así como ahora estas pertenecientes al movimiento de Jesús que se atrevieron a ir al sepulcro, mientras que los demás discípulos, varones y mujeres, permanecieron escondidos por miedo a la represión. Es necesario hacer énfasis en este hecho de valentía porque, como no figuran hombres en el relato, tiende a olvidarse o a no atribuírsele la importancia que merece.

3. Mujeres, primeras testigos de la resurrección y predicadoras del resucitado

Las mujeres lideradas por María Magdalena no solo fueron las primeras testigos de la resurrección, sino que recibieron la tarea de comunicar la buena nueva de que Jesús iba de nuevo a Galilea a los demás discípulos y discípulas y que allá los vería de nuevo (Mc 16.5-7, 9-10; Mt 28.1-8; Lc 24.1-10). Incluso hay una historia que cuenta que cuando iban a comunicarles a los discípulos la buena noticia, Jesús mismo se les apareció (Mt 28.9). Quiero mucho a Pablo de Tarso, pero también debo recordarle este dato. Otra de las historias dice que estas mujeres estaban tan atemorizadas que no contaron nada a nadie (Mc 16.8), lo cual pudo haber sido cierto por un momento —no era para menos en aquella agitada situación— pero lo hicieron más tarde, como lo cuentan las otras historias, porque la noticia se dio a conocer y solo ellas fueron testigos. Si no hubieran dicho nada, todos hubieran creído que el movimiento había fracasado. Pero eso no es cierto porque, de lo contrario, no me hubiera enterado de nada y yo, Lidia, no les estaría contando todo esto.

4. María Magdalena, la apóstol cercana a Jesús

En una de las historias aparece solo María Magdalena en el sepulcro (Jn 20). Ella llegó de madrugada, cuando aún estaba oscuro, y vio la piedra removida. Se asustó, creyó que se habían robado el cuerpo de Jesús y corrió a avisarles a sus compañeros Pedro y Juan. Dice la historia que María Magdalena estaba muy triste, pues extrañaba mucho a Jesús y lloraba su ausencia. Y cuando estaba afuera cerca del sepulcro, se le manifestó Dios a través de dos ángeles que le preguntaron por qué lloraba. Ella contestó que lo hacía porque alguien había hecho desaparecer el cuerpo de Jesús (Jn 20.13). Lloraba como aquellas personas a quienes les han secuestrado, torturado, asesinado y hecho desaparecer el cuerpo de un familiar o amigo.

Entonces se le apareció Jesús. Inicialmente, ella pensó que se trataba del encargado del huerto y le preguntó por el cuerpo, porque quería recuperarlo y quería llevárselo consigo (Jn 20.15); pero eso era imposible. Yo, Lidia, creo que María tenía que entender que ahora el líder del movimiento poseía un cuerpo resucitado, cuyo Espíritu estaría no solo con su grupo cercano y sus seguidores de Galilea, sino que sería derramado sobre muchos otros que no lo conocieron, como los de mi comunidad, aquí en Filipos, en toda Macedonia y en las demás provincias del Imperio. Así se lo hizo entender Jesús.

Cada vez que escucho el diálogo de Jesús con María Magdalena, siento deseos de llorar, porque es muy emotivo. Él la llamó por su nombre, como el buen pastor a sus ovejas. Le dijo: "¡María!", y ella reconoció perfectamente el timbre de su voz, pues lo había acompañado desde hacía mucho tiempo, por eso contestó inmediatamente: "¡Rabbuní!", como una discípula que identifica a su maestro; como las ovejas reconocen a su pastor. Tanto era su amor por él, que ella quiso retenerlo. Dice la historia que lo agarró y no lo quería soltar; no dice si lo abrazó o se aferró a sus pies como las mujeres de la otra historia (Mt 28.9). Lo único que cuentan es que Jesús le dijo: "¡Suéltame!". Y es que nadie puede apropiarse de Jesús, porque por más amor que le tengamos él no es propiedad privada de nadie, pertenece a todas las comunidades.

Jesús, en persona, le dio el mensaje que debía llevar a sus compañeros, los demás discípulos. Yo creo que allí mismo él le transmitió el misterio de la resurrección y de la fraternidad divina solidaria que se realiza cuando Dios, el Padre de Jesucristo, se convierte en el Padre de todos nosotros. Pues yo creo que cuando nos convertimos en sus hijas e hijos (Jn 20.17), también nos hermanamos con Jesús, ¿verdad?

Para mí, Lidia, María Magdalena es una verdadera apóstol, pues reúne todos los requisitos necesarios que piden los líderes de las comunidades cristianas. Ella siguió y convivió con el movimiento de Jesús en Galilea, y fue testigo de su muerte y de su resurrección. Sin embargo, veo que es excluida, ¿será que se fue a Galilea junto con otras mujeres y estableció allí una comunidad que no conocemos, y la comunidad cristiana de Jerusalén no le da importancia? Puede ser. Lo que yo veo es que ha sido excluida de la Iglesia de Jerusalén. Temo que a medida que pase el tiempo los valores que se planteaban al inicio, allí en el movimiento en Galilea, sean ignorados. Si esto ocurre, nuestras comunidades perderán el espíritu del movimiento y, con ello, a las mujeres nos irán marginando poco a poco.

Yo, Lidia, me he propuesto recordar siempre a María Magdalena como discípula y maestra, y espero que ustedes también.

CAPÍTULO X

LA MUJER DE SAMARIA, UNA MISIONERA

(Jn 4.5-42)

Les contaré la historia de una mujer de Samaria. Aquí todos decimos que ella fue la primera mujer que compartió las buenas nuevas del movimiento de Jesús en su región. Además de este hecho, la historia de esta mujer presenta varios aspectos que deben ser considerados. Por ejemplo, el hecho de que Samaria y Judea sean dos regiones que viven en permanente conflicto por sus diferencias culturales y religiosas; además, el atrevimiento de Jesús al conversar con una mujer de ese lugar y de no muy buena reputación (había tenido cinco maridos y vivía con un hombre que no lo era); y, por último, el mismo mensaje de Jesús, que supera todas las discriminaciones culturales, sean étnicas, sexistas o de cualquiera índole.

Ya he dicho que una de las características principales del movimiento de Jesús es que en su visión del Reinado de Dios no hay discriminaciones. Todos debemos tratarnos como hermanos y hermanas y servirnos mutuamente. Después de que Jesús murió y resucitó veo que ese fundamento está presente en las comunidades, aunque, permítanme decirlo, hay gente que tiende a olvidarlo. Pablo acostumbra a recordárnoslo cuando somos bautizados diciéndonos que por Cristo, el Mesías, no hay judío ni griego; no hay esclavo ni libre; no hay varón ni mujer porque todos somos uno en él (Gá 3.28). ¡Cómo me gustaría que las comunidades nunca olvidaran este fundamento! Una enseñanza que extraemos de la misma vida de Jesús de Nazaret. Lo hemos visto en algunas de las historias que les he contado, y en la de la samaritana lo veremos nuevamente.

1. Al margen del odio mutuo

Samaria es una región localizada entre Galilea (al norte) y Judea (al sur). Dicen que los judíos de Galilea, cuando tienen que ir a Jerusalén para las fiestas u otros asuntos, tratan de no pasar por allí, y hacen un rodeo, generalmente por el río Jordán.

Tengo entendido que los conflictos entre samaritanos y judíos vienen de muchos siglos atrás. Los descendientes de Samaria proceden de dos grupos. Uno quedó cuando Asiria conquistó Samaria y se llevó en cautiverio a los samaritanos de estatus más elevado. El otro grupo proviene de Babilonia y de Media; son inmigrantes de otras culturas y religiones, producto de los desplazamientos forzados por los asirios, y son colonos asirios. Con el tiempo, la población se mezcló y también sus creencias. Los judíos, por su sistema de pureza del que hemos hablado anteriormente, consideran a Samaria impura porque la sangre de su raza está mezclada.

Pero eso no es todo: dicen que los samaritanos se negaron a aceptar el Templo de Jerusalén como el suyo y construyeron, hace muchos años, su altar en el monte de Gerizim para adorar a Dios. Y muchos años después, cuando los judíos volvieron del exilio de Babilonia y se pusieron a reconstruir Jerusalén, los samaritanos se opusieron. Según me cuentan, el odio mutuo se observa en varios incidentes. Por ejemplo, Juan Hircano, un sumo sacerdote judío, incendió el templo samaritano de Gerizim (128 a. C); pero antes de eso, los samaritanos habían ayudado a los reyes sirios en su guerra contra los judíos. También se dice que, después de que nació Jesús (4 d. C), unos samaritanos profanaron el templo en Jerusalén durante la pascua, poniendo huesos humanos en los atrios. Después de este incidente, se les prohibió entrar.

Me he enterado de algunas diferencias religiosas entre samaritanos y judíos; por ejemplo, los samaritanos solo aceptan los primeros cinco libros de Moisés, no los profetas ni los escritos. Por otro lado, el Mesías que ellos esperan no es el mismo que el de los judíos, que desean a uno nacionalista y descendiente de David. Los samaritanos esperan a uno como Moisés, por eso dicen que esperan al Toheb, o maestro de la ley.

A pesar de todo eso, o tal vez por causa de, Jesús decide pasar por Samaria. Dice la historia que Jesús llegó a Sicar, una ciudad de Samaria. Allí, se sintió cansado y se sentó cerca de un pozo de agua. Seguramente había caminado mucho, pues los campesinos como Jesús están acostumbrados a caminar grandes distancias. Era la hora sexta (mediodía), cuando el sol está más fuerte y la sed se incrementa. Los discípulos se habían ido a la ciudad a comprar comida. En eso, llegó una mujer de la región a recoger agua del pozo. A mí, Lidia, me parece raro que una mujer a esas horas recoja agua, pues, generalmente, esta es una tarea que se lleva a cabo en el amanecer o en el atardecer. La mujer se ha de haber extrañado de que un judío estuviese allí sentado. Los samaritanos no esperan de los judíos más que rechazo. Saben que decir samaritano a alguien es un grave insulto. El asombro de la mujer tuvo que haber sido mayor cuando Jesús le dirigió la palabra: "Dame de beber" (Jn 4.7), le dijo. Pera ella no sacó el agua ni se la dio como se podría esperar en un gesto de hospitalidad, sino que le contestó: "¿Cómo tú, siendo judío, me pides de beber agua a mí que soy samaritana?". Ella sabía que los judíos se creían superiores, igual que los varones en relación con las mujeres. Una conocida expresión racista dice que no se puede contar con la pureza ritual de las mujeres samaritanas porque menstrúan desde la cuna. Yo creo que con esta pregunta la mujer no estaba mostrando sumisión, ni creía lo que se decía de los samaritanos; más bien mostró una actitud valiente al contestarle. Hasta podríamos entender su pregunta con cierto sarcasmo, algo así como "¿Te rebajas ahora que tienes sed?".

Además, según las reglas de comportamiento, no se veía bien que un hombre hablara en público con una mujer. Ya desde antes se decía "No te detengas a hablar largo rato con una mujer". Los discípulos, más tarde, cuando regresaron de la ciudad, también se asombraron de ver a Jesús conversando con una mujer. Pero, como sabían que su líder a veces se saltaba las normas culturales, no se atrevieron a preguntarle nada (cp. Jn 4.27).

Cuando la mujer le preguntó por qué le pedía agua siendo él judío, Jesús aprovechó el momento para conversar con ella de cosas profundas. Pasó por alto todo el trasfondo de enemistad que había entre esos dos pueblos, y también que estaba conversando con una mujer. A su movimiento le interesa una nueva relación entre los seres humanos, en la que no haya odios sino solidaridad mutua, y en donde ninguna cultura ni creencia se crea superior a otra. Por eso fue al grano y, poco a poco, le reveló a la mujer su identidad de Mesías.

2. Un diálogo teológico al lado de un pozo

Jesús se le reveló a la samaritana como agua viva (Jn 4.10), que no tiene fin y calma la sed para siempre, ya que al beberla da origen a una fuente interior que brota para la vida eterna (Jn 4.13-14). Yo, Lidia, creo que el agua es el Espíritu de Dios. Si todos tuviéramos ese espíritu se suprimirían las enemistades y discriminaciones. No habría que volver a ningún pozo, porque quien toma agua de allí vuelve a tener sed y debe regresar con frecuencia. Algunos dicen que, aquí, el pozo significaba la ley judía.

Me da la impresión de que al principio la samaritana no entendía todo lo que Jesús le decía, así como los discípulos más tarde, en ese mismo lugar, no entendieron cuando él les habló de otra clase de alimento (Jn 4.33-34). Y es que Jesús quería que sus discípulos y seguidores percibieran una nueva realidad en las relaciones humanas y de convivencia, alimentada en el cumplimiento de la voluntad de Dios (Jn 4.34). Por cierto, los discípulos insistían siempre en comprar pan cuando lo necesitaban, pero Jesús prefería multiplicarlo para que hubiese para todos.

En un momento pasaron a hablar de la vida privada de la samaritana, cuando Jesús le dijo que trajese a su marido, y ella le respondió que no tenía. Entonces Jesús le describió su vida diciéndole: "Cinco maridos has tenido y el que tienes no es tu marido" (Jn 4.16-18). A mí, Lidia, me han dicho que la ley permite casarse dos veces y como máximo tres; la samaritana se había casado cuatro y vivía con un hombre que no era su esposo. Su vida sexual, entonces, no era muy decorosa a los ojos de su sociedad. La historia no dice nada sobre los sentimientos de la mujer frente a aquel forastero judío que le descubría su vida pasada. Solo menciona la gran impresión que le causó el hecho de que alguien le adivinara su vida.

He escuchado a algunos que interpretan la historia de manera simbólica y dicen que existe un juego de palabras con el término baal, que significa señor: Baal es el dios de los cananeos, pero también puede significar marido. Si es así, Jesús se estaría refiriendo al estado idolátrico de los samaritanos: los cinco altares de dioses que cuenta la historia de Israel serían sus maridos (2 R 17.24-41). Y el actual marido sería el Dios de Israel, que en el fondo no lo es totalmente para los samaritanos, según los judíos. Pero yo, Lidia, creo que el caso de ella podría ser real, es decir, se podría tratar de una mujer que por diversos motivos —divorcio o viudez— había tenido cinco maridos y convivía con un hombre que no lo era, lo que la convertía en una mujer marginada por su vida moral. Por tanto, no me parece raro que Jesús hubiese decidido entablar con ella el diálogo que originaría la conversión de muchos de Samaria, pues esa es la manera de actuar preferida de Jesús.

La mujer quedó sorprendida de que Jesús supiese todo sobre su vida sin que ella u otra persona se lo hubiesen contado. De esa manera, ella empezó a creer que él era un profeta, pues, sin conocerla, le había descrito su vida.

Jesús continuó dialogando extensamente con la mujer sobre asuntos profundos de Dios y sobre los diferentes lugares de adoración. También acerca de la manera de adorar, de la salvación y sobre el Mesías que habría de venir. Eso me gusta mucho, porque los varones, por lo general, piensan que las mujeres no tenemos la capacidad de mantener un diálogo sólido sobre Dios. Pero yo veo en esta historia que Jesús habló con ella como si estuviese hablando con un doctor de la ley a quien quería mostrarle otro camino. La mujer tenía sus reticencias debido a su tradición muy arraigada, por lo que le hizo algunas preguntas. Entonces Jesús avanzó en el diálogo y la fue introduciendo en la nueva forma de vida que él mismo le ofrecía.

Por cierto, discutieron el punto de controversia entre judíos y samaritanos. La mujer le dijo que los judíos solo debían adorar a Dios en Jerusalén, pero ella adoraba en el monte sagrado de Gerizim, como todos los samaritanos. Entonces Jesús le señaló que los verdaderos adoradores lo hacían en Espíritu y en verdad, sin importar un templo específico, ni en el de Jerusalén, ni en el de Samaria. Veo que Jesús, en tanto judío, era realmente autocrítico y también crítico de todas aquellas culturas y creencias que se consideraban las verdaderas. Verdaderos adoradores son quienes adoran a Dios en Espíritu y en verdad, en cualquier parte del mundo. Para mí, Dios es Espíritu y da su Espíritu para que las personas nazcan de nuevo.

3. La Samaritana comparte las buenas nuevas con su pueblo

Finalmente, la historia cuenta que Jesús se presentó a la mujer como el Mesías (Jn 4. 25-26), pero uno diferente al que esperan los samaritanos y los judíos. Yo creo que Jesús-Mesías transciende las barreras nacionales discriminatorias. También sustituye el concepto de ley que se tiene, porque se ofrece como don de Dios y agua viva, gracia y libertad que están presentes en la nueva vida en Cristo. Pablo también nos lo ha enseñado.

Es curioso: a mí, Lidia, me llama mucho la atención el hecho de que Jesús no tenga reparos en presentarse a la mujer como Mesías. Dicen que con los judíos él evadía este título. Tal vez se presentó así frente a la samaritana porque su gente no tenía el concepto de un Mesías monarca, descendiente de David, que gobernaría con poder sobre todo Israel. En todo caso, a mí, como mujer, me impresiona que Jesús se haya revelado de esa manera a una mujer que era samaritana y no era bien vista por su conducta moral. Pero retomemos la historia. Cuando se reveló como el Mesías, llegaron los discípulos y se sorprendieron de verlo conversando con aquella mujer. Yo diría que más se hubieran sorprendido de haber sabido de qué estaban conversando. Entonces, Jesús inició una nueva charla sobre Dios con sus discípulos (Jn 4.31-38).

La mujer dejó el cántaro y se fue a la ciudad. Tanta era su alegría y la sorpresa que le causó ese hombre judío galileo, que no aguantó las ganas de compartirla. Creo que ella fue creciendo en dignidad en la medida en que fue tomada en cuenta con seriedad, como deben serlo todas las mujeres. Cuando llegó a la ciudad y les habló a sus vecinos sobre la experiencia con ese hombre llamado Jesús, que decía ser Mesías y le había descrito la historia de su vida sin conocerla, seguramente impactó a sus paisanos, los samaritanos. Pues dice la historia que "muchos samaritanos de aquella ciudad creyeron en él por las palabras de la mujer" (4.39). Ella realmente fue la primera evangelista en Samaria. Yo, Lidia, a veces me pregunto cómo fue posible los propios samaritanos le creyeran a una mujer de esa reputación. ¿Sería que su experiencia con Jesús, el diálogo que sostuvo con él, la transformó de tal manera que causó una impresión muy honda entre la gente del lugar al grado de que creyeron en su testimonio? Es posible que sus palabras elocuentes y su semblante diferente, radiante tal vez, fueran muy importantes para quienes la conocían.

Ella logró que los samaritanos de su ciudad fueran a ver a Jesús y hablaran con él, para que experimentasen el encuentro que ella tuvo. La historia termina diciendo que Jesús se quedó con ellos dos días. Seguramente los invitó a ser nuevas personas y a pertenecer al movimiento, creando comunidades nuevas.

Espero que este Espíritu de Jesús continúe para siempre. Sé que como residente en la sociedad grecorromana, tan estratificada y patriarcal, es muy difícil tratar de vivir de esta manera igualitaria; soy testigo de las dificultades y conflictos que tenemos cotidianamente cuando tratamos de vivir de esa manera. Pero el Espíritu nos da la fuerza para resistir.

PARTE IV

MUJERES LÍDERES DEL MOVIMIENTO DEL RESUCITADO

Después de que Jesús fue crucificado y resucitado, el movimiento no terminó. Al contrario, cuando las mujeres del movimiento vieron que la tumba estaba vacía y les contaron a los discípulos, la tristeza desapareció y el movimiento cobró gran fuerza. Pero ahora Jesús no estaba en persona liderando, sino su espíritu, el espíritu del resucitado. Por eso, desde entonces el movimiento de Jesús pasó a ser el movimiento del resucitado.

Este tiempo en el cual yo, Lidia, soy testigo, es fascinante. Muchas mujeres continúan vinculadas en el movimiento. Déjenme decirles que ellas, así como yo, estamos al mismo nivel que los varones. Tenemos funciones similares en el ministerio. Yo, por ejemplo, estoy al frente de una casaiglesia. Y no soy la única, hay muchas. No es que todo sea color de rosa, tenemos dificultades, conflictos, así como en todas las organizaciones y congregaciones. Pero oramos, seguimos adelante, somos grandes luchadoras. Voy a contarles algunas historias de mujeres que, como yo, son muy activas en el movimiento dentro de sus comunidades. Les voy a contar sobre mi persona, sobre Priscila, muy conocida entre todos los hermanos y hermanas; sobre la discípula Tabita, conocida por su solidaridad con las viudas pobres. También les voy a contar algo sobre las lideresas Febe y Junia, y otras mujeres de las comunidades de Roma, y finalmente les hablaré acerca de mis compañeras de trabajo, las luchadoras a la par de Pablo, que viven en Filipos: Evodia y Síntique.

La verdad, sabemos poco sobre todas estas mujeres, pero lo suficiente para deducir que son grandes mujeres. El hecho de que sean mencionadas por su nombre da pie para corroborar que son lideresas del movimiento del resucitado.

CAPÍTULO XI

PRISCILA Y LIDIA, DOS MUJERES COMERCIANTES Y LÍDERES DE LA IGLESIA

(Hch 16.11-15,40; 18.1-4, 18-19, 24-28; Ro 16.3)

Ya no les voy a contar más historias. Las que conté son suficientes para conocer mujeres valientes del movimiento de Jesús, antes y después de su muerte, dentro y fuera de Palestina. Estoy segura de que hay más, pues he escuchado de otras, y muchas habrán quedado sin contarse.

Ahora voy a contar mi testimonio y el de Priscila (Prisca), una gran mujer, pareja de Aquila. Veo que ella y yo nos parecemos, y como nosotras hay más. De ella tengo más conocimiento por Pablo, pues él la menciona con frecuencia. De hecho, la mayoría de las mujeres líderes que conozco fuera de Filipos es a causa de Pablo, pero nuestro movimiento crece y hay muchas otras mujeres de las cuales no sé nada, porque son independientes del ministerio del apóstol.

1. Lidia, líder y comerciante

Aún recuerdo con satisfacción cuando conocí el movimiento de Jesús, el resucitado, y me integré. Fue a través del apóstol Pablo. Siempre he sido una mujer activa en lo religioso, he asistido, y aún asisto a un lugar de oración (Hch 16:13), al cual llamamos proseuché, es decir, un lugar destinado a los cultos sabáticos donde los judíos tienen sus liturgias. Estos lugares casi siempre están fuera de la ciudad y cerca de ríos, porque algunas religiones, que en algún momento podrían tener conflictos con las costumbres romanas, son obligadas a construir su lugar de ritos fuera de la ciudad. Eso pasa aquí en Filipos.

Una vez me encontraba en ese lugar de oración junto con otras mujeres, cuando Pablo y Silas llegaron y comenzaron a hablarnos. Pablo decía cosas maravillosas de Jesús; y su propuesta de ser hijas plenas de Dios en una nueva creación me impactó. Como saben, yo soy gentil pero me convertí al judaísmo. Decidí también adherirme al judío Jesús, el Cristo resucitado, por lo que me convertí al movimiento cristiano, y todos los de mi casa nos bautizamos (Hch 16.14-15). Yo era la líder del grupo de mujeres que estábamos en la casa de oración, de manera que otras siguieron mi ejemplo.

Mi casa se convirtió en una célula de reunión de cristianos. Fue la primera comunidad cristiana en Macedonia, la cual fue creciendo. En mi casa-iglesia, al igual que en las demás, intentamos vivir en comunión entre hermanos y hermanas. Yo, como dueña de casa, estoy al frente. A menudo dirijo las reuniones, administro su buen funcionamiento y trato de ayudar económicamente, pues la mayoría de nuestros miembros tienen menos ingresos que yo.

Además, como líder de la comunidad, tengo la responsabilidad de proteger a sus miembros y a los hermanos que nos visitan de otras partes. A veces, la situación de conflicto se pone crítica y debo protegerlos políticamente, por así decirlo. Por ejemplo, cuando metieron a la cárcel a Pablo y a Silas por el lío que se armó entre los dueños de una esclava que ganaban mucho dinero por los oráculos que pronunciaba. Pablo la despojó de ese espíritu adivino y los amos de la esclava, enojados, lo llevaron a él y a Silas a los tribunales y los acusaron. Dijeron que eran unos judíos alborotadores que hablaban de costumbres que los romanos no podían aceptar ni practicar. Los pretores de la ciudad mandaron desnudar a los misioneros y los azotaron; después les pusieron un cepo en los pies y los encerraron en el último calabozo (Hch 16.16-24). Luego de que salieron de la cárcel vinieron a mi casa. Sé que es peligroso para mí, para mi familia y para los demás miembros de la comunidad cristiana, pero me siento satisfecha de haberlos recibido. Creo que nuestra comunidad debe poner en práctica las palabras y enseñanzas de Jesús de Nazaret, quien fue muerto y crucificado por anunciar el Reino de Dios.

Los misioneros como Pablo y Silas saben el riesgo que corremos los que los acogemos, y no quieren ponernos en peligro; incluso una vez tuve que forzarlos a que se quedaran en mi casa (Hch 16.15). Sé que los judíos viajeros itinerantes y predicadores corren mucho peligro en nuestro contexto, porque hablan de cosas que perjudican los intereses económicos de algunos (Cp. Hch16.16-24; 19.23-41). Mi deber es ofrecerles hospitalidad y también protección política. He decidido correr el riesgo porque soy seguidora de Jesús. Lo mismo ocurre con toda la comunidad.

De manera que el trabajo y la responsabilidad abundan. Pero yo no me dedico solo a la dirección de la casa-iglesia. Soy, como ustedes saben, vendedora de púrpura. Este trabajo implica que deba viajar constantemente, sobre todo a Tiatira, mi ciudad natal, de donde traigo la materia prima, pues allí hay mucha y de distintas clases y se consigue más barata.

Mucha gente piensa que soy una mujer rica por mi profesión y que las cosas así se me facilitan. Pero tengo que aclararles que yo no vendo la púrpura que sale de un molusco que se encuentra solo en ciertas regiones marítimas. Ese es un artículo de lujo que solo las personas muy ricas pueden comprar. La administración del Imperio tiene el monopolio desde hace tiempo. Yo utilizo otra púrpura, muy conocida en Tiatira, que se extrae de una planta conocida como "la rubia". Hay clases de púrpura muy barata, hasta las esclavas han usado tejidos de ese material. Además tengo que pagar varios impuestos, entre ellos el de aduana y el de ser extranjera, y eso me resulta costoso.

Pero tampoco soy una mujer muy pobre como algunas de las historias que he contado. Soy una liberta, y al igual que otras libertas y esclavas del mismo oficio, nos ganamos la vida trabajando duramente con el sudor de nuestra frente. Tengo mi trabajo, soy respetada por ello y asisto a la asociación de personas que tenemos la misma profesión, porque en este oficio generalmente trabajamos en grupo, libertas y esclavas. Varias de mis amigas que adoran en el lugar de oración hacen lo mismo que yo.

Pero la verdad es que, a pesar del trabajo (o tal vez por mis labores en la comunidad cristiana y en el comercio) me siento muy satisfecha como mujer. En la sociedad grecorromana nunca habíamos gozado de una igualdad entre hombres y mujeres tan profunda como la que intentamos vivir en la comunidad. Aquí nos respetamos y ayudamos mutuamente entre los varones y las mujeres, los amos y los esclavos, y los pertenecientes a las distintas culturas. No tenemos una estructura jerárquica en la casa-iglesia. Muchas veces yo dirijo, porque soy dueña de la casa, pero si viajo por asuntos de trabajo, otros lo hacen. No es que no tengamos dificultades, pues convivir entre diferentes no es fácil. Además, esta forma de vivir presenta muchas novedades; por ejemplo, algunos aún no se acostumbran al liderazgo femenino. Por otro lado, la presión externa de estereotipos sobre los roles que debemos cumplir como mujeres es muy fuerte. Pero seguimos adelante, discutimos, nos peleamos, nos reconciliamos e intentamos ser fieles a Dios en la oración y la solidaridad.

No soy la única líder de la comunidad que se gana la vida trabajando. Dentro de las comunidades cristianas, las líderes y misioneras desempeñamos también una profesión o un oficio. Priscila era artesana de tiendas, al igual que su compañero Aquila y al igual que Pablo. El trabajo de artesano y de comerciante es muy bueno para la evangelización, pues por un lado se tiene contacto con todo tipo de personas, lo que ayuda a anunciarles el evangelio y a presentarles la buena nueva de Jesús, el Mesías, de manera pertinente.

2. Priscila: líder, maestra y artesana

La vida de Priscila es muy ejemplar. Ella es parecida a mí, pero también muy diferente. Compartimos el hecho de que somos líderes y también trabajadoras y todo lo que eso conlleva. Pero tenemos varias diferencias, las cuales muestran cómo las mujeres cristianas nos movemos en las provincias del Imperio, fuera de Palestina.

Priscila es judía, natural de Ponto, en Asia Menor. Es casada con otro judío llamado Aquila. Como artesanos de tiendas de campaña (Hch 18.3) y a la vez misioneros, ambos viajan mucho. Han vivido en distintos lugares, a veces obligados por las circunstancias políticas o económicas y a veces por la misión. En algún momento de su vida ella y su esposo vivieron en Roma, pero fueron expulsados junto con otros judíos convertidos y vinieron a Corinto (Hch 18.2). Allí conocieron a Pablo y después de un tiempo viajaron con él a Éfeso y de allí volvieron a Roma. En Corinto, en Éfeso y en Roma, la casa de Priscila y Aquila ha sido una de esas casas iglesia donde se reúnen otros cristianos.

Priscila es muy conocida en nuestro medio. Siempre que se habla de la pareja, generalmente, primero aparece su nombre. En nuestra cultura eso significa que ella tiene cierta preponderancia con respecto al marido, en lo que respecta al trabajo misionero y de formación e incluso en los negocios. Algunas pocas veces aparece el nombre de Aquila primero (Hch 18.2, y 1 Co 16.19), lo cual indica que los dos eran activos en el ministerio.

Priscila tiene mucha autoridad también en la enseñanza. Algo que me sorprende bastante es cuando ella y Aquila decidieron explicarle con mayor precisión a Apolo todo lo referente al movimiento de Jesús, el resucitado (Hch18.26). Apolo es el famoso líder elocuente de Alejandría. Me llama la atención que este líder acceda a dejarse enseñar por una pareja en la cual la mujer tiene mayor importancia. Esto muestra dos cosas: la autoridad y la capacidad de Priscila y Aquila con respecto al conocimiento del mensaje, y la disponibilidad de líderes varones elocuentes, que dentro del movimiento de Jesús reconocen la capacidad de las mujeres y la igualdad entre los sexos, y no se dejan llevar por los valores discriminatorios de su sociedad patriarcal.

Generalmente, el trabajo de los artesanos que elaboran tiendas es desarrollado por esclavos y libertos. Y aunque Pablo, Priscila y Aquila no lo son, como la costumbre aquí es la de unirse los de la misma profesión (según ellos lo hacen), son vistos como tales y por lo tanto sufren del mismo estigma. Su trabajo es muy duro, tal vez más que el mío. Pablo mismo dice que tenía que trabajar día y noche para su sustento (2Ts 3.8).

Yo fui convertida por Pablo, pero Priscila y Aquila se habían convertido antes de que lo hiciera el apóstol. Cuando Pablo vino a Corinto por primera vez, ellos ya estaban allí, recién llegados de Roma, exilados por un decreto de Claudio (Hch 18.2). Parece que solo deportaron a los judíos convertidos, pues el decreto dice que fue por causa de un tal Cresto.

En Corinto, Pablo los contactó y fue a vivir a su casa. Allí trabajaban los tres en la elaboración de tiendas, y predicando las buenas nuevas del evangelio. Pablo se refiere a Priscila como colaboradora al mismo nivel que él; ella y Aquila son independientes y no están bajo su tutela.

No sé exactamente cómo les fue en los negocios, pero Corinto es una ciudad con un comercio muy activo, un buen lugar para prosperar. Además, su posición geográfica hace que por allí el tráfico no solo comercial, sino político y militar, sea frecuente, porque es necesario atravesar el itsmo de Corinto viajando de Italia hacia la parte oriental del Imperio y viceversa. Corinto es una ciudad repoblada con colonos romanos y seguro con muchos veteranos de guerra, igual que acá en Filipos. Priscila y Aquila, junto con Pablo, se quedaron bastante tiempo en esa ciudad; seguramente formaron varias comunidades casas-iglesia como la de ellos. Las casas de las ciudades grecorromanas son más bien pequeñas, de manera que, por lo general, conforman diferentes casas-célula. A veces nos reunimos todos para un evento especial en una casa más grande de alguna familia acomodada, pero como máximo entre cuarenta o cincuenta personas, nueve o diez en el triclinio (comedor) y el resto parados en el atrio, si el dueño de la casa no tiene más muebles.

En Corinto se presentaron roces con la gente del lugar. Priscila tuvo que haber sido testigo. Pablo nos contó a los hermanos que en una ocasión, los judíos que no lo querían lo acusaron frente a Galión de ir contra la ley porque hablaba de manera opuesta. Como Galión no les hizo mucho caso, se armó tal zafarrancho que allí mismo, fuera de los tribunales, el jefe de la sinagoga, Sóstenes, terminó recibiendo una golpiza que no se sabe ni de dónde vino (Hch 18.12-17).

Pues así es nuestra vida en esta sociedad y las misioneras y líderes somos testigos de estos conflictos. Tal vez Priscila lo fue de otros que sucedieron en Éfeso, pues después de un largo tiempo, Priscila, Aquila y Pablo fueron a ese lugar donde se separaron de Pablo, quien solo se quedó un corto tiempo, para regresar posteriormente por un período más largo. Podría ser que todavía Priscila y Aquila vivieran en Éfeso cuando sucedió el problema grave con relación a los plateros; ellos hacían estatuas de Artemisa, la diosa más grande de esa ciudad (Hch 19.23-

41), y sucedió porque se tocaron sus intereses económicos. Los plateros ganaban mucho dinero y temían que su negocio fracasara. Pablo se salvó en esa ocasión porque sus allegados le impidieron que se acercara al teatro (Hch 19.30, 31), donde muchos de los reunidos para discutir el problema se hallaban furiosos. Entonces tuvo que salir de la ciudad.

Pablo estaba muy agradecido con Priscila y Aquila, pues cuando ocurrió todo ese tumulto en Éfeso o cuando estaba preso, la pareja arriesgó su vida para salvarlo, y no sólo a él sino a otros de su comunidad. Pablo no olvidará nunca esta solidaridad (Ro 16.3).

Yo, Lidia, trabajadora y maestra como Priscila, puedo afirmar que hasta ahora no hemos visto una manera de organización tan igualitaria en sus relaciones, solidaria y comprometida como nuestras casas-iglesia. Es verdad que algunos clubes, colegios o asociaciones admiten esclavos y mujeres como iguales, pero el patrón de las asociaciones espera recibir los honores debidos; entre nosotros no es así ya que Jesús nos enseñó que el mayor debe servir al menor. Las mujeres nos sentimos acogidas y respetadas y somos muchas porque hemos encontrado en las comunidades cristianas un espacio de libertad, y también de resistencia a la marginación.

CAPÍTULO XII

TABITA: UNA MUJER DISCÍPULA, COSTURERA Y MUY SOLIDARIA CON LOS POBRES

(Hch 9.36-43)

La historia de la discípula Tabita que yo, Lidia, les voy a contar, pasa muchas veces desapercibida, no se le da importancia. A menudo es opacada por otra historia de un hombre muy importante, un capitán del ejército romano llamado Cornelio, que decidió integrarse al movimiento del resucitado. El apóstol Pedro fue quien lo bautizó. Eso aconteció después de la historia de Tabita. Creo que por eso es por lo que Tabita quedó a la penumbra. Pero es muy importante recordarla porque de ella aprendemos mucho.

Tabita es judía; vive en un importante puerto llamado Jope, ubicado en la costa mediterránea a unos 55 kilómetros de Jerusalén. Tabita es un nombre judío, pero sus vecinas a veces le dicen Dorcas, que es la traducción de su nombre al griego. Dorcas significa gacela. Yo creo que ese es su apodo. No sé por qué le dicen gacela, ¿será que es rápida o tiene un porte elegante? Bueno, tengo que reconocer que en la literatura judía se usa Dorcas como nombre para las esclavas. Eso me tiene un poco confundida. No creo que ella haya sido esclava o liberta. Para mí, lo importante es que es una discípula del movimiento del resucitado. Muchas veces la recordamos por sus obras de caridad, pero no por su liderazgo como discípula. Y estoy segura de que eso es por ser mujer.

Lo que más me gusta es que ella tiene nombre propio. Muchas mujeres de las historias de Jesús no tienen nombre, se les llama generalmente por su relación de parentesco o por el lugar de donde son oriundas, o por alguna enfermedad. Por ejemplo, escuchamos de la viuda de Naín, de la suegra de Pedro o de la mujer de Sirofenicia o la samaritana o la mujer con flujo de sangre crónico. Pero conocemos algunas mujeres con nombre, como María Magdalena, Marta y María, Susana y otras. Eso significa que eran importantes y recordadas. Por eso debemos magnificar la mujer que aparece con nombre propio, porque seguramente tenía una función muy importante en el movimiento de Jesús. Tabita tiene nombre y cuando se habla de ella no se explica si es casada, soltera o viuda. Más importante es el hecho de que es una discípula del movimiento del resucitado, que hace buenas obras y es muy solidaria con las viudas pobres.

1. Tabita y su comunidad de viudas pobres

Se cuenta que en Jope hay una comunidad de seguidores de Jesús, cuya lideresa es Tabita, una de las muchas discípulas lideresas del movimiento del resucitado. Ella, como discípula, posiblemente está al frente de la comunidad. Es muy probable que la comunidad se reúna en su casa, porque así es como los seguidores y las seguidoras de Jesús nos reunimos, en casas. Como ustedes saben, yo, Lidia, tengo una comunidad en mi casa, de la cual soy responsable. Pues así también, en la casa de Tabita se reúnen los seguidores y seguidoras del movimiento del resucitado. Me parece que su casa tiene dos pisos, porque allí fue que la llevaron a velar cuando murió. En el segundo piso se congrega la comunidad para sus oraciones y para estudiar la Torah, que son las Sagradas Escrituras de la ley y los profetas. Tabita, como discípula, estudia la Torah y la comparte con las personas que asisten a la asamblea de su casa. Me han dicho que hay muchas viudas. Uno de los ministerios que tenemos en las iglesias-casa es la de ayudar a las viudas pobres, porque ellas son las más pobres de las pobres.

Pero Tabita no solamente se dedica al estudio de la Palabra y a compartirla. Ella, con sus propias manos, confecciona ropa para regalar a las mujeres pobres, especialmente a las viudas. Esa es una de sus buenas obras que se distingue de las que normalmente se hacen, como "visitar a los enfermos, hospedar a los migrantes, participar en los entierros, consolar a quienes hacen duelo". Ella hace todo eso, pues es conocida por sus buenas obras. Pero se destaca por los regalos de vestidos que hace a las viudas de su localidad, principalmente a las de su comunidad. Yo creo que tiene cierta posición acomodada. Pero no regala ropa suya usada que ya no quiere ni compra ropa nueva para regalar sino que, como mencioné, ella misma confecciona las prendas. Seguramente compra la tela para hacer los vestidos, y muy probablemente se reúnen las mujeres de la comunidad en el cuarto de arriba de su casa para trabajar juntas. El cuarto de oración sería algo así como un salón multipropósito: tanto para orar, enseñar la palabra y trabajar con las manos para las buenas obras.

Ya se han de imaginar que ella es muy querida por todos, especialmente por las viudas pobres que reciben los vestidos como regalo, para cubrirse del frío. Jope, en algunas fechas del año, es frío. Así que cuando murió fue gran golpe para la comunidad.

2. Tabita recobra la vida gracias a la intervención de Dios a través de Pedro

Cuentan que Tabita se enfermó gravemente y murió. No sabemos el tipo de enfermedad mortal que padeció, solo se nos dice que murió. Yo creo que no se dan muchos detalles sobre lo ocurrido porque, como sucede a menudo, aquí se quiere resaltar la intervención milagrosa de Pedro.

Generalmente eso es así en nuestra sociedad patriarcal. Menos mal que, a pesar de eso, podemos resaltar varias cosas importantes de la vida de esta lideresa.

Pues bien, cuando Tabita murió, las viudas y todas las personas de la comunidad, tanto mujeres como varones, se pusieron muy tristes. Seguramente les iba a ser muchísima falta por su liderazgo.

Resulta que el apóstol Pedro andaba visitando por toda esa región a los miembros del movimiento del resucitado. El día que Tabita murió, Pedro estaba en Lida, un lugar ubicado como a 15 kilómetros de Jope. Allí había sanado un paralítico llamado Eneas (Hch 9.32-35). Esa noticia se difundió muchísimo, fue algo tan impresionante que muchos se unieron al movimiento (Hch 9.35) y los seguidores aumentaban cada vez más. Y es que el movimiento es animado por el Espíritu Santo.

Cuando la noticia del milagro que hizo Pedro en Lida llegó a oídos de las personas que se reunían en la casa de Tabita, inmediatamente lo mandaron llamar. Enviaron a dos hombres para que lo trajeran a Jope lo más rápido posible. Tal vez las personas pensaron que Pedro podría hacer algo por Tabita o quizás lo llamaron para que presidiera el funeral. Nadie lo especifica con certeza y a mí que me encantan los detalles. Pero bueno, qué suerte que Pedro no andaba lejos de Jope. Mientras tanto, las mujeres prepararon su cuerpo: lo lavaron y lo llevaron a velar al cuarto de arriba de la casa, donde tienen sus reuniones.

Cuando Pedro llegó, lo llevaron a la habitación de

arriba. Las viudas, llorando desconsoladas por la pérdida, rodearon a Pedro y le mostraron los vestidos que Tabita solía hacer para ellas. Me imagino que esa escena fue muy triste y conmovedora. Ver a Pedro en el centro y ellas llorando alrededor de él, vestidas con la ropa que les había regalado Tabita...

El apóstol Pedro reaccionó rápido. Al igual que Elías y Eliseo, y siguiendo el modelo de Jesús, les dijo: "Por favor, salgan ustedes viudas y todos los hermanos de la habitación". Entonces se puso de rodillas y con todas sus fuerzas pidió a Dios que la reviviera. Después, se paró, miró a Tabita y le dijo: "Tabita, ¡levántate!" Ella abrió los ojos y miró confundida, pensando "¿Dónde estoy?", pero cuando vio a Pedro, se tranquilizó. Pedro le dio la mano y la ayudó a levantarse. Seguramente estaba muy agradecido con Dios, porque se había manifestado a través de él. Entonces, muy contento, llamó a los hermanos del movimiento y a las viudas que tanto sufrían la muerte de Tabita, y les dijo: "Aquí tienen a Tabita, ha vuelto a la vida, gracias a Dios. Ella está viva".

La noticia de la resurrección de Tabita rápidamente se difundió y aún se sigue replicando; yo creo que aún más que la de Eneas. Dicen que después de esto mucha gente creyó en el Señor Jesús y se unió al movimiento del resucitado.

Pedro se quedó en Jope por un tiempo, en la casa de un señor llamado Simón, que era curtidor de oficio. Casi puedo asegurar que Tabita y él han de haberse encontrado varias veces compartiendo y hablando de cosas importantes del movimiento de Jesús resucitado. A Pedro le ha de haber hecho muy bien conversar con Tabita y conocer más de su ministerio.

CAPÍTULO XIII

FEBE, JUNIA, EVODIA, SÍNTIQUE Y OTRAS MUJERES LÍDERES EN LA IGLESIA DEL RESUCITADO

(Ro 16.1-15; Fil 4.3)

Yo, Lidia, les voy a contar algo de las vidas de algunas mujeres líderes de las iglesias-casa. Muchas de ellas, encargadas de las comunidades que mi colega Pablo ha fundado. Seguramente hay muchas más mujeres en otros lados, pues Pablo no fue el único en empezar grupos de seguidores de Jesús. Las comunidades de seguidores que están en Roma, por ejemplo, no fueron fundadas por Pablo. Entre las mujeres que les voy a mencionar hay diáconos mujeres con funciones ministeriales y también de representación oficial de la comunidad; también hay supervisoras y presbíteras (Fil 1.1).

A mí me gusta mucho saber algo de estas mujeres porque me dan fuerza como lideresa de la comunidad de Filipos. Les diré que como mujer no es fácil estar al frente de una comunidad. En el movimiento del Jesús resucitado nos respetan mucho, pues así lo enseñó el Señor Jesús. Pero la sociedad grecorromana no lo ve con buenos ojos. Para la tradición de esa sociedad, la mujer debe quedarse en la casa haciendo oficios. No así en el movimiento de Jesús. Voy a comenzar por Febe, una mujer que me intriga mucho.

1. Febe, diácono y benefactora (Ro 16.1-2)

Febe vive en Cencreas, uno de los puertos marítimos de Corinto. El lugar es muy importante para el comercio entre el Peloponeso y el este. Está muy cerca de la famosa ciudad de Corinto, una colonia romana donde hay varias iglesias que dan mucho de qué hablar (cosas muy buenas, pero también sobre varios conflictos entre sus miembros y con Pablo). ¿Estaría Febe enterada de esos problemas? Yo creo que sí, pues Cencreas y Corinto están muy cerca, se podía ir a pie de una a otra en dos horas. Yo me imagino que Febe estuvo muchas veces en Corinto cuando Pablo pasó una buena temporada allá.

Febe es una persona importante, ella es diácono de la iglesia de Cencreas. Como ustedes saben, los diáconos en la comunidad de seguidores de Jesús no son los que sirven por pura benevolencia. Es un puesto que forma parte del liderazgo de la iglesia. Febe es una líder que colabora en la predicación y la enseñanza, y que también tiene la función de ser emisaria, es decir enviada, como un apóstol, "apóstol" significa "el que es enviado". Incluso puede ser que ser "emisaria" sea su mayor dedicación. Ser emisaria implica visitar otras comunidades del movimiento del resucitado, enseñar, difundir el evangelio, entre otras cosas. Así como Pablo y Bernabé fueron enviados a Antioquía cuando sucedió aquel problema sobre la exigencia del cumplimiento de la ley a los no judíos, como yo.

Además, ella es una benefactora que ha ayudado a muchos. Su posición acomodada le permite tener cierta influencia en la ciudad, no solo en la iglesia. Para Pablo, el apoyo de ella es fundamental en su ministerio. Algo que me llama mucho la atención es que cuando escucho hablar sobre ella nunca le dicen "la esposa o viuda de fulano" o "la hija de zultano" o "la mamá de mengano". No. Se le llama por su nombre: Febe, como a mí: Lidia. Y es que en nuestra cultura mediterránea, a las mujeres se les llama siempre en relación de parentesco masculino o del lugar de donde uno vive. ¿Se acuerdan de las historias que les conté de mujeres anónimas? La viuda de Naín y la sirofenicia son dos ejemplos. Febe, sin embargo, es llamada por su nombre, así como Priscila, como Tabita y otras. Eso implica mujeres que se valen por sí mismas y son tenidas en alta estima. Febe es un nombre griego y significa "brillante", "radiante" o "pura". Ya me la imagino predicando, visitando varias iglesias, colaborando, conversando con Pablo sobre cosas del movimiento de Jesús resucitado y ayudando a los necesitados. Febe es muy conocida en los pueblos y ciudades de la región de Corinto y no solo en el puerto de Corinto. Es muy probable que haya sido el primer contacto que Pablo tuvo en Cencreas, y que aceptó participar en el movimiento del resucitado. Si es así, Febe, al ser benefactora, le ayudó a establecer contactos con otras personas para fortalecer el movimiento del resucitado en esa región y formar el primer grupo en ese lugar.

Una vez, Pablo me contó que él planeaba ir a España para extender el movimiento del resucitado por esos rumbos. Pero para ir debe tener algún traductor que le acompañe y dinero para financiar el viaje. Piensa que debe ir a Roma y solicitar ayuda a los hermanos de allá. Pablo, aunque conoce a algunos seguidores de Jesús que viven en Roma, nunca ha estado en allí. Además, existe el inconveniente de que los líderes judíos de Jerusalén, que tienen muy buenas relaciones con los de Roma, están enojados con Pablo porque dicen que habla mal de la ley y la circuncisión. Eso no es cierto. A mí, Lidia, me consta. Lo que Pablo propone es que también los gentiles participen del evangelio, pero sin la necesidad de circuncidarse ni obedecer toda la ley de los judíos. Así que está pensando en escribirles una carta a las comunidades en Roma para presentarse, contarles algo de su pensamiento sobre la ley y la circuncisión para los gentiles, y solicitar apoyo para su viaje.

¿Y adivinen quién va a llevar la carta? Nada menos que Febe, pues ella, quien viaja con frecuencia, tiene planeado ir a Roma. Pablo me lo dijo. Además, me comentó que la iba a recomendar a los hermanos de las comunidades de Roma para que la reciban bien y le den todo lo que necesiten (Ro 1.1-2). Yo creo que la carta a las comunidades de Roma va a ser muy importante para que Pablo pueda realizar su sueño de ir a España, y Febe es la mujer clave que le ayudará en ese proyecto, tanto como apoyo espiritual como económico. Así que el papel que tendrá Febe en Roma será de vital importancia. Porque además de establecer los lazos y la ayuda económica y de traductores de los hermanos y hermanas de Roma para el futuro viaje a España, seguro le tendrá que poyar financieramente. Febe también ha de ser una persona de mucho conocimiento, pues alguien que lleva una correspondencia y una carta de recomendación debe también poder explicar el contenido de la carta que los destinatarios no comprendan. Ya me imagino a Pablo sentado con Febe conversando los puntos de la futura carta a los romanos.

Mi colega Pablo, además de Priscila y Febe, conoce a muchas mujeres más. Algunas viven en Roma y participan en las iglesias del movimiento de allá; otras viven en Filipos y están comprometidas con el movimiento en la ciudad, y así, sucesivamente. Pablo no solo las conoce de nombre, sino que con muchas de ellas ha trabajado y sufrido, además de pasar buenos momentos gracias a la amistad que comparten. Y es que el compromiso que uno adquiere con el evangelio lleva a arriesgar la vida. Ya vimos que Priscila y su esposo Aquila, una pareja muy conocida en muchas regiones del Imperio romano, han arriesgado su vida por la causa del Evangelio (Ro 16.3-4).

2. Junia y otras mujeres del movimiento del resucitado en Roma (Ro 16.3-15)

Una de las mujeres que más me llama la atención se llama Junia, ella es apóstol junto con su esposo Andrónico. Ellos son dos apóstoles paisanos de Pablo y pertenecen al movimiento del resucitado desde antes de que Pablo formara parte. Son muy estimados entre todos los apóstoles. Pablo me contó que estuvieron junto con él en la prisión por causa del evangelio (Ro 16.7). Pero, muy a mi pesar, no sé nada más de Junia. Solo sé que ahora están en Roma, participando en una de las comunidades de allí.

Por cierto, yo sé que en aquellas comunidades hay muchas mujeres líderes conocidas de Pablo, él se sabe los nombres de casi todas y las aprecia mucho. Me ha hablado de María, una gran trabajadora en la iglesia; de Trifena, Trifosa y Pérsida, las tres muy trabajadoras también, según me cuenta. Otra líder se llama Julia. El otro día, Pablo me mencionó a la mamá de un tal Rulfo, a la cual considera también como su madre. Ese mismo día me habló de la hermana de Nereo (Ro 16.1-15). Yo le pregunté por sus nombres, pero creo que se le olvidaron porque no me los supo decir.

3. Evodia y Síntique, dos filipenses, líderes y luchadoras

Finalmente, yo, Lidia, les voy a hablar un poquito

de Evodia y Síntique, dos grandes mujeres, luchadoras a la par mía y de Pablo, y también de Clemente y Epafrodito. Ellas, tanto como Clemente y Epafrodito pertenecen a mi grupo de seguidores de Jesús en Filipos.

Aquí en Filipos estamos pasando por momentos difíciles con los vecinos. Pablo nos anima y nos dice que no nos dejemos intimidar (Fil 1.28-30). Filipos, como saben, es una colonia romana, y por ser seguidoras del movimiento del resucitado, los vecinos no nos ven con buenos ojos. Una vez, Pablo estuvo aquí preso junto con Silas. Fue terrible. Unos tipos que tenían una niña esclava que era adivina y con eso ganaban dinero, denunciaron a Pablo ante las autoridades romanas porque Pablo le quitó el don de adivinar. Llevaron a Pablo y Silas al foro romano y dijeron que eran judíos y que enseñaban costumbres contra los romanos. Y como se han de imaginar eso es grave para los romanos. Los magistrados mandaron desnudar y azotar a Pablo y a Silas, después los encerraron en un calabozo, los encadenaron y les pusieron un cepo. Muchos de nuestro movimiento en Filipos son extranjeros como yo y teníamos miedo. Fue una pesadilla. Por milagro de Dios fueron liberados (Hch 16.11-40). Cuando salieron de la cárcel vinieron a mi casa y mi grupo los consoló antes de que se fueran. Nunca olvidé ese episodio.

Pablo es muy querido para todos nosotros y él nos quiere mucho, como se ve en sus cartas (Fil 4.1). De manera que cuando supimos que estaba preso en Éfeso, vino a mi mente aquel momento que estuvo preso aquí en Filipos. Pero en esta ocasión no lo encerraron en el calabozo, sino que tuvo la custodia militar, que es un poco menos dura que la cárcel, aunque de todas maneras es terrible. El prisionero que sufre la custodia militar está encadenado de manos y/o de los pies a un soldado las veinticuatro horas del día. Inmediatamente nos pusimos en contacto con él y le mandamos a Epafrodito con dinero para que lo asistiera. Él nos contestó con una carta muy bonita donde se puede ver el cariño que nos tiene.

Aquí en mi comunidad, la mayoría somos mujeres y ocupamos puestos de liderazgo. Evodia y Síntique son dos mujeres clave en nuestra congregación. Ambas son grandes líderes que han trabajado con Pablo hombro a hombro. Él las llama luchadoras (Fil 4.3). Entre sus ministerios están el de la administración, que abarca finanzas, hospitalidad, cuidado pastoral, la enseñanza, etc. Últimamente ha habido ciertos problemas entre ellas. Seguramente, Epafrodito le contó a Pablo cuando llegó a visitarlo a la prisión con la pequeña ayuda que le mandamos (Fil 4.10-19). Me pidió a mí que intervenga y les ayude a que se reconcilien y compartan el mismo horizonte. Yo entiendo que Pablo se preocupe y nos exhorte a que estemos unidos y unidas, porque la situación con nuestra sociedad es algo hostil por nuestro compromiso con el movimiento del resucitado. Él mismo lo dijo: "Lo que me pasó a mí, les puede pasar a ustedes" (Fil 1.29-30). O sea, padecer por el Mesías, que es Jesús, el resucitado.

Yo relativizo ese conflicto entre ellas. Las conozco bien y sé que ambas son excelentes líderes. Además, conflictos hay en todos los movimientos y organizaciones.

Voy a conversar con ellas, ayudar a limar asperezas y mostrarles lo valioso e importante que es convivir en armonía, sobre todo en estos momentos de persecución. Confío en Dios que los problemas se resolverán y que nuestro colega Pablo pronto sea liberado para que venga a visitarnos.

CONCLUSIÓN

QUE LAS MUJERES NO CALLEN EN LA CONGREGACIÓN

Yo, Elsa, mexicana, residente en Costa Rica, les he contado e interpretado hermosas historias de mujeres por boca de Lidia. Pero la presencia significativa de la mujer no siempre fue así. Hacia finales del primer siglo, se observa un proceso que va eliminando poco a poco la participación de la mujer en la Iglesia. Las mujeres habían logrado muchísimo en el movimiento de Jesús y en las comunidades cristianas, sobre todo en aquellas fundadas por Pablo, aunque no sin conflictos. Sin embargo, muy pronto las tensiones y los conflictos fueron profundizándose dentro de la comunidad, la presión externa sociocultural patriarcal romana fue agravándose y la institucionalización del movimiento fue vista como necesaria. Todo eso ayudó a que se les fuera privando a las mujeres de los derechos que habían adquirido en el movimiento de Jesús, el Cristo resucitado. Un caso evidente lo encontramos en Priscila. Justo González escribe: "En el texto (griego), el nombre de Priscila aparece antes del de Aquila. Ya en el siglo II, el texto (griego) occidental invirtió el orden diciendo que fueron Aquila y Priscila quienes llamaron aparte a Apolo... Una de las antiguas iglesias de Roma se llamaba, en el siglo IV, 'Iglesia de Santa Prisca'; poco después se llamó 'de Prisca y Aquila'; y, para el siglo VII, era la 'iglesia de los Santos Aquila y Prisca'".

¿Qué pasó?

Numerosos estudios prueban la amplia participación de la mujer en la Iglesia en el cristianismo primitivo. De manera que, como Lidia y Priscila, había muchas otras mujeres. Y no solo fuera de Palestina, sino también dentro. Sabemos por lo menos de Tabita en Jope, mencionada como discípula del movimiento de Jesús, famosa por sus buenas obras (Hch 9.36-43). Sabemos de María, la madre de Juan Marcos, que en Jerusalén tenía una casaiglesia, pues se dice explícitamente que en ella estaba reunida la comunidad en oración cuando llegó Pedro, después de haber sido liberado de la cárcel (Hch 12.12). Muy probablemente, en Galilea había también casas-iglesia donde las mujeres eran líderes, pues después de la muerte de Jesús, las mujeres de Galilea que lo seguían posiblemente volvieron a sus aldeas. Ellas habían tenido el encuentro con el Jesús resucitado y estarían deseosas de compartir la experiencia. Desgraciadamente no sabemos nada de estas casas.

La lista de saludos que aparece en el capítulo 16 de la carta de Pablo a los Romanos (57 d.c.) es un valioso documento histórico en el cual se confirma la participación de las mujeres en los distintos ministerios, muchas veces al mismo nivel que el apóstol Pablo. Una mujer fue la encargada de llevar en sus manos la carta a Roma. Lidia habló de Febe, persona de alto rango, con funciones prominentes de dirección. Pablo la llama "hermana, ministra y protectora". Ella es ministra diakonos (término masculino en griego que denota aquí un uso oficial) de toda la Iglesia de Cencrea y no de un servicio específico de asistencia. La palabra, por ejemplo, no aparece en Hch 6, donde se habla del servicio de las mesas. El título diakonos lo llevan también Pablo, Apolo, Epafras y otros. Según el uso en otros escritos de Pablo y en fuentes extrabíblicas, el término alude al misionero o misionera dedicados a la predicación y la enseñanza. Además, según la costumbre de ese tiempo, las cartas que recomendaban al portador daban a entender que este manejaba bien el contenido y podía explicarlo en caso necesario. Pablo, en Rom 16.1-2 recomienda a Febe al mencionar sus títulos. Ella es también "protectora", "patrona" (prostatis), término con sentido legal utilizado para quien defendía a los extranjeros privados de sus garantías. Este era un título de honor y autoridad en la antigüedad, y se refería a personas a las cuales otros se subordinaban. Pablo reconocía su estatus de subordinado de Febe. El que tradicionalmente se hayan traducido diakonos por servidora y prostatis por auxiliar, no refleja la visión androcéntrica de los traductores. Ser llamada hermana connota, al igual que hermano, ser parte de un grupo de misioneros co-trabajadores.

Así, pues, Pablo confía en las manos de Febe, la ministra de la iglesia de Cencrea, su co-trabajadora y "patrona", la carta que posiblemente fue leída en voz alta en las comunidades cristianas de Roma. Febe estaría allí para aclarar dudas sobre el contenido.

En el mismo capítulo 16 encontramos un número sorprendente de nombres femeninos en la lista de saludos. De veinticinco, ocho son de mujeres. Para ser un documento escrito en lenguaje androcéntrico, la cantidad es mucha. A la par del nombre de cada persona se alaba el trabajo que ha desempeñado.

Desgraciadamente, esta participación fue paulatinamente eliminada. Documentos bíblicos y extrabíblicos hacia final del siglo primero, y con más fuerza posteriormente, muestran cómo fueron silenciando a las mujeres. Pero no solo eso, el proceso de esta exclusión incluyó también perder la posibilidad de concebir la Iglesia como una comunidad de iguales en todo sentido: económico, cultural, ético y de género. La jerarquización y el acomodo a las estructuras de la sociedad imperial romana fue apareciendo, y la radicalidad crítica profética de Jesús y también de Pablo a cualquier tipo de opresión, disminuyendo.

La incorporación de los valores patriarcales de la sociedad romana se observa en los mismos textos bíblicos tardíos. Un ejemplo muy claro, citado por Irene Foulkes, es parte del discurso de Tito Livio (siglo I, d.C.) en el Foro Romano. Criticando a las mujeres que se habían presentado allí, dice: "¿Qué clase de conducta es esta? ¡Hablar con los maridos de otras mujeres! ¿No podíais plantear las mismas preguntas a vuestros maridos en vuestras casas?".

En el Nuevo Testamento observamos esta incorporación de la ideología patriarcal en los llamados códigos domésticos (Col 3.18-19; Éf 5.22-24., 1P 3.1). En estos, y en partes de las cartas pastorales (1Tm 2.9-15) se intenta regular el comportamiento de las mujeres. A todo esto, podemos agregar la interpolación que aparece en 1 Co 14.34-35, que pide callar a las mujeres reduciéndoles el ejercicio de la profecía.

Las prohibiciones para las mujeres con respecto a enseñar, bautizar, dirigir la "Cena del Señor", continuaron en documentos posteriores. Ya hacia finales del período postapostólico, las mujeres tenían funciones oficiales muy secundarias. La autoridad del profeta, asumida como don del Espíritu, fue eliminada y sustituida por la del obispo. Se da la institucionalización. Se ha dicho que la actitud negativa frente a las mujeres obedece a la fuerte presión exterior de la cultura grecorromana, que veía en las casas iglesia una célula subversiva. Por lo tanto, si se seguía desafiando el orden patriarcal y los valores de la sociedad romana, las comunidades cristianas corrían el riesgo de desaparecer por completo. Por eso y por otras razones había que tener un "patriarcalismo de amor". Esta realidad, sin embargo, no justifica algún tipo de opresión o marginación de ningún miembro de la comunidad cristiana. Ni, como dice Luise Schottroff, se puede legitimar un "patriarcalismo de amor" porque de todas maneras es patriarcalismo.

Afortunadamente, la resistencia de las mujeres continuó. La constante repetición de las prohibiciones indica que las mujeres se resistieron a callarse en la congregación y a ser eliminadas del liderazgo. Ellas siguieron actuando de acuerdo con su percepción del evangelio y, como las mujeres del movimiento de Jesús en Palestina, lucharon por sus derechos alcanzados en Cristo. Escritos apócrifos (S.II, d.C.) muestran el liderazgo prominente de las mujeres. En el siglo III d.C. el obispo de Cesarea, Firmiliano, menciona a una mujer de Capadocia que celebraba la Cena del Señor. Eran tiempos de persecución y ella valientemente reunió a los cristianos, y en la celebración incluyó la Eucaristía o Cena del Señor. El obispo, asombrado, dijo que lo hizo excelentemente. En el siglo V se condenó a un obispo por ordenar a mujeres como sacerdotes. Parece que la ordenación de mujeres era un fenómeno generalizado.

Esta resistencia de las mujeres a callarse no ha parado hasta el día de hoy. Las mujeres cristianas sentimos que el Espíritu de Jesús y su movimiento sigue animando a sus seguidores, mujeres y hombres, dándoles fortaleza y sabiduría para que la comunidad de iguales lleve adelante el mensaje del Reino de Dios y a la vez la denuncia de todo aquello que oprime y excluye a las mujeres y a cualquier miembro de las comunidades.

BIBLIOGRAFÍA

Bautista, Esperanza, La mujer en la iglesia primitiva (Estella: Verbo Divino 1993).

Blank, José, O Evangelho Segundo Joâo (Petrópolis: Vozes, 1990).

Bovon, François, El Evangelio según san Lucas II (Salamanca: Sígueme, 2012).

Brown, Raymond, El Evangelio según Juan, I-XII (New York: Doubleday & Company, Inc., 1979).

Campbell, Joan Cecilia, Phoebe. Patron and Emissary (Minessota: Liturgical Press, 2009).

Cassidy, Richard, Paul in Chains: Roman Imprisonment and the Letters of St. Paul (New York: Crossroad, 2001).

Comblin, José, Epístola a os Filipenses (Petrópolis: Vozes, 1985).

Crossan, John Dominic, Jesús: Vida de un campesino judío (Barcelona: Crítica, 1994).

De Lima Silva, Silvia Regina, En territorio de Frontera. Una lectura de Marcos 7.24-30 (San José: DEI, 2001).

De Santos Otero, Aurelio, Los evangelios apócrifos. Edición crítica bilingüe (Madrid: Biblioteca de Autores Cristianos, 1996).

Epp, Eldon Jay, Junia. The First Woman Apostle (Minneapolis: Liturgical Press, 2005).

Esteves, Elisa, "La mujer en la tradición del discípulo amado", en Revista de Interpretación Bíblica Latinoamericana (RIBLA) n. 17 (1994).

Fitzmyer, Joseph, El evangelio según Lucas (Madrid: Ediciones Cristiandad, 1987).

Foulkes, Irene, Problemas pastorales en Corinto (San José: DEI y SEBILA, 1996).

———, "Conflictos en Corinto. Las mujeres en la iglesia primitiva" en Revista de Interpretación Bíblica Latinoamericana (RIBLA) n.15 (1993)

Gnilka, Joachim, El Evangelio Según Marcos (Salamanca: Sígueme, 1992).

González Echegaray, Joaquín, Arqueología y evangelios (Estella: Verbo Divino, 1994).

González, Justo, Hechos. Comentario Bíblico Hispano (Miami: Ed. Caribe, 1992).

Gundry, Robert H. Mark. A Commentary on His Apology for the Cross (Grand Rapids: William B. Eerdmans

Publishing Company, 1993).

Hanson, K.C. and Oakman, Douglas E., Palestine in the Time of Jesus. Social Structures and Social Conflicts (Minneapolis: Fortress Press, 1998).

Horsley, Richard A. Galilee. History, Politics, People (Valley Forge, Pennsylvania: Trinity Press International, 1995).

———, Jesus and the Spiral of Violence. Popular Jewish Resistance in Roman Palestine (San Francisco: Harper & Row, Publishers, 1987).

———, and John S. Hanson, Bandits, Prophets and Messiahs: Popular Movements in the Time of Jesus (New Voices in Biblical Studies, Ed. Adela Yarbro Collins y John J. Collins (Minneapolis: Winston Press, Seabury Books, 1985).

Jeremías, Joachim, Las parábolas de Jesús (Estella: Verbo Divino, 1970).

Lefkowitz, Mary R. / Fant, Maureen B., Women´s Life in Greece and Rome (Baltimore: The Johns Hopkins University Press, 1992).

Leon-Dufour, Xavier, Lectura del evangelio de Juan (Salamanca: Sígueme 1992).

López, Mercedes, A Confissâo de Marta. Uma leitura a partir de uma óptica de género (Sao Paulo: Paulinas, 1996).

Kevin Madigan, Kevin / Osiek, Carolyn (eds), Mujeres ordenadas en la Iglesia primitiva. Una historia documentada. (Estella: Verbo Divino, 2005).

Malina, Bruce J. / Rohrbauch, Richard L., Los evangelios sinópticos y la cultura mediterránea del siglo I (Estella: Verbo Divino, 2002).

Mateos, J / Barreto, J, El Evangelio de Juan (Madrid: Cristiandad, 1982).

Moltmann-Wandel, Elisabeth, The Women around Jesus (New York: Crossroad, 1982).

Navarro, Mercedes / Bernabé, Carmen, Distintas y distinguidas. Mujeres en la Biblia y en la historia (Madrid: Publicaciones claretianas, 1995).

Neil, Elliott, Liberating Paul. The Justice of God and the Politics of the Apostle (Maryknoll: New York, 1994),

Perkinson, Jim, "A Canaanitic Word in the Logos of Christ; or the Difference the SyroPhoenician Women Makes to Jesus", en Semeia, n.75, 1996.

Ricci, Carla, Mary Magdalene and Many Others. Women who followed Jesus (Minneapolis: Fortress Press, 1994).

Richter Reimer, Ivoni, Vida de Mulheres na Sociedade na Igreja (São Paulo: Paulinas, 1995).

———, "Recordar, transmitir, actuar. Mujeres en los comienzos del cristianismo", en Revista de Interpretación Bíblica Latinoamericana (RIBLA) n. 22 (1995).

Ringe, Sharon, Luke (Louisville, Westminster John Knox Press, 1995).

———, "Un relato de una mujer gentil" en Interpretación

Feminista de la Biblia, ed. Letty Russell (Bilbao: Desclée Brouwer, 1995).

Schüssler-Fiorenza, Elizabeth, En Memoria de ella. Una reconstrucción teológica-feminista de los orígenes del cristianismo (Bilbao: Desclée De Brouwer, 1989).

———, Pero ella dijo. Prácticas feministas de interpretación (Madrid: Trotta, 1992).

Schottroff, Luise, Lydia´s Impatient Sisters. A Feminist social History of Early Christianity (Louisville: Westminster John Knox Press, 1995).

———, Mulheres no Novo Testamento. Exegese numa perspectiva Feminista (São Paulo: Paulinas, 1995).

Stöger, Alois, El evangelio según san Lucas (Barcelona: Herder, 1979).

Tamez, Elsa, Contra toda condena. La justificación por la fe desde los excluidos (San José: DEI, 1991).

———, "Philippians", en Cynthia Briggs Kittredge, Cynthia / Claire Miller Colombo, Claire /Alicia J. Batten, Alicia, Philippians, Colossian, Philemon, Wisdom Commentary Series, Ed. general, Barbara E. Reid, Ed. de este volumen, Mary Ann Beavis (Minnesota: Liturgical Press, 2016).

———, "Der Brief an die Gemeinde in Rom. Eine Feministische Lektüre", en Kompendium Feministische Bibelauslegung, editoras Luise Schottroff y MarieTheres Wacker (Güthersloh: Christian Kaiser, 1998).

Theissen, Gerard, A la sombra del Galileo. Las investigaciones históricas sobre Jesús traducidas a un relato (Salamanca: Sígueme 1988).

———, Colorido local y contexto histórico de los evangelios. Una contribución a la historia de la tradición sinóptica (Salamanca: Sígueme, 1997).

Tunc, Suzanne, También las mujeres seguían a Jesús (Santander: Sal Terrae, 1999).

Van den Bussche, Henry, El evangelio según San Juan (Madrid: Studium, 1972).

Wikenhauser, Alfred, El evangelio según San Juan (Barcelona: Herder 1967).

Yewett, Robert, Romans (Minneapolis: Fortress Press, 2007).

SOBRE LA AUTORA.

Elsa Tamez, es México-costarricense, residente en Colombia, es Doctora en Teología de la Universidad de Lausanne, Suiza. Es Licenciada en Teología del Seminario Bíblico Latinoamericano de Costa Rica, y Licenciada en Literatura y Lingüística de la Universidad Nacional de Costa Rica. Es profesora emérita de Biblia de la Universidad Bíblica Latinoamericana de Costa Rica, en la cual fue rectora. Actualmente colabora como consultora de traducciones de las Sociedades Bíblicas Unidas, sigue escribiendo libros y artículos sobre biblia y hermenéutica, y biblia y mujer.

Ha publicado 17 libros; 5 de ellos como editora;

es autora de innumerables artículos. Varios de sus libros han sido traducidos en diferentes idiomas. Entre sus libros más conocidos están: Diccionario conciso Griego-Español (Stutgart, 1978); La biblia de los oprimidos (San José, 1979, en inglés The Bible of the oppressed, New York, 1980), Santiago, Lectura Latinoamericana de la epístola (San José: 2005, en inglés The Scandalous Message of James: 1990 y 2001); Contra toda condena, la justificación por la fe desde los excluidos (San José, 1990; en inglés: Amnesty of Grace: Nashville, 1992); Luchas de poder en los orígenes del cristianismo, Un estudio de 1Timoteo (Santander: 2005; en inglés Struggles of power in Early Christianity: New York, 2007); Bajo un cielo sin estrellas, Lecturas y meditaciones bíblicas (San José: 2001) Philippians, (Minnesota, 2016).

Ha recibido varios premios por su aporte a la lectura contextual de la Biblia, incluyendo varios doctorados honoris causa. Es casada y tiene dos hijos y una nieta.